依据最新课程标准　紧扣学科核心素养

中小学
实验教学
指导与创新案例

高中化学

中国教育装备行业协会　编

教育科学出版社
·北京·

出 版 人 郑豪杰
责任编辑 周 霄
版式设计 京久科创 郝晓红
责任校对 贾静芳
责任印制 叶小峰

图书在版编目（CIP）数据

中小学实验教学指导与创新案例. 高中化学 / 中国
教育装备行业协会编. -- 北京：教育科学出版社，
2024.6. -- ISBN 978-7-5191-4039-7

Ⅰ. G633.83

中国国家版本馆CIP数据核字第2024012H0K号

中小学实验教学指导与创新案例 高中化学
ZHONGXIAOXUE SHIYAN JIAOXUE ZHIDAO YU CHUANGXIN ANLI GAOZHONG HUAXUE

出 版 发 行	教育科学出版社				
社 址	北京·朝阳区安慧北里安园甲9号		邮 编	100101	
总编室电话	010-64981290		编辑部电话	010-64989438	
出版部电话	010-64989487		市场部电话	010-64989009	
传 真	010-64891796		网 址	http://www.esph.com.cn	
经 销	各地新华书店				
制 作	北京京久科创文化有限公司				
印 刷	河北鹏盛贤印刷有限公司				
开 本	720毫米×1020毫米 1/16		版 次	2024年6月第1版	
印 张	15.75		印 次	2024年6月第1次印刷	
字 数	199千		定 价	46.00元	

编 委 会

丛书主编

夏国明

丛书副主编

李梦莹

本书主编

罗 敏 李 孟

本书编委

曹晓芹 王 振 白 涛 孙序琼

王 倩 吴文中 鲍亚培

目录

第一章　高中化学实验教学设计原则与理论指导 \ 001

第一节　前言 …………………………………………………… 003

第二节　普通高中化学课程标准实验教学要求分析 ………… 009

第三节　不同版本高中化学教材实验教学对比分析 ………… 021

第四节　高中化学实验教学是落实化学学科核心素养的必由

　　　　路径 …………………………………………………… 031

第五节　高中化学实验教学的设计思路与策略 ……………… 037

第二章　实验教学创新案例 \ 053

案例 1　84 消毒液使用方法的探究 ………………………… 055

案例 2　过氧化钠与水反应的异常现象及反应历程探究 …… 062

案例 3　数码成像比色法测定补血剂中铁元素含量的实验研究… 069

案例 4　混合碱中碳酸氢钠百分含量测定 ………………… 076

案例 5　基于化学学科核心素养的实验教学——以"卤化银甘油

　　　　溶胶的制备及其感光实验"为例 …………………… 081

案例 6　AI 辅助下的原电池改进探究 …………………… 091

案例 7　基于课堂真实问题情境的"海带提碘"实验条件优化… 098

案例 8　基于色度传感器探究影响化学反应速率的因素 …… 110

案例 9　数字化探究影响化学反应速率和平衡移动的因素系列
实验 ………………………………………………… 119

案例 10　以 Fe^{3+} 催化过氧化氢分解机理为例的项目式学习… 134

案例 11　醋酸电离平衡随温度的变化………………………… 142

案例 12　核心素养背景下高中化学数字化实验的设计与应用——
以"影响弱电解质电离平衡的因素"为例………… 153

案例 13　基于传感技术的原电池教学改进………………… 168

案例 14　学生电镀实验条件优化和产物探究……………… 178

案例 15　如何实现铜置换锌——双液和纸色谱单液电解池实现
"铜置换锌"反应的创新实验课 ………………… 188

案例 16　项目式合作学习"电解原理的探究"…………… 198

案例 17　红外热像仪在化学实验中的应用——以"分子间作用力
的比较实验"为例………………………………… 207

案例 18　气相色谱法在羧酸性质教学中的应用…………… 215

案例 19　石油分馏……………………………………………… 224

案例 20　探秘静电纺纳米纤维空气过滤膜………………… 231

结语 \ 239

第 一 章

高中化学实验教学设计原则与理论指导

第一节　前言

 加强高中化学实验教学是时代的要求

实验是科学研究的一种基本方法，能够高度浓缩展示人们认识和发现某一知识、原理的过程；它还是一种重要的科学认识方法，有利于形成创造性思考、明智决策和有效解决各种问题的能力[①]。实验教学的过程是学生探索求知、体验创新创造的过程，有助于开发学生的创新潜质，启迪学生的实践智慧和创新思维，为培养创新人才奠定基础。科学实验课是培养学生探究思维，探索未知兴趣和创新意识的有效方式。加大实验课程建设，尤其物理、化学、生物学等利于学生创新思维培养的主干课程，完善实验室建设，丰富教学环节的设计，提供全面的实验设计内容，成为教育研究的重点内容。

2019 年 11 月教育部出台了加强实验教学的文件——《教育部关于加强和改进中小学实验教学的意见》（教基〔2019〕16 号，以下简称为《意见》）。该文件强调："实验教学是国家课程方案和课程标准规定的重要教学内容，是培养创新人才的重要途径"。把实验教学的重要性提高到"深入贯彻全国教育大会精神，落实全国基础教育工作会议部署，深化教育教学改革，全面提高基础教育质量"的高度。《意见》对实验教学指出了总体要求："全面贯彻党的教育方针，落实立德树人根本任务，发展素质教育，努力构建与德智体美劳全面培养的教育体系相适应、与课程标准要求相统一的实

---

① 刘强. 中小学实验教学的新遵循:《关于加强和改进中小学实验教学的意见》解读 [J]. 人民教育，
2020（01）：33-35.

验教学体系。夯实基础，开齐开足开好国家课程标准规定实验，切实扭转忽视实验教学的倾向；拓展创新，不断将科技前沿知识和最新技术成果融入实验教学，丰富内容，改进方式；注重实效，强化学生实践操作、情境体验、探索求知、亲身感悟和创新创造，着力提升学生的观察能力、动手实践能力、创造性思维能力和团队合作能力，培育学生的兴趣爱好、创新精神、科学素养和意志品质。"党的二十大报告强调要"坚持教育优先发展""加快建设世界重要人才中心和创新高地""全面提高人才自主培养质量，着力造就拔尖创新人才"。2023 年 2 月，习近平总书记在中共中央政治局第三次集体学习时强调"要在教育'双减'中做好科学教育加法，激发青少年好奇心、想象力、探求欲，培育具备科学家潜质、愿意献身科学研究事业的青少年群体"。2023 年 5 月，教育部印发《基础教育课程教学改革深化行动方案》，明确要根据课程标准，完善相关学科教学装备配置标准，研制中小学实验教学基本目录，推动地方加强中小学实验室建设等。实验教学是培养学生创新精神和实践能力的重要途径，是新时代提高科学教育育人质量的关键之举。

《普通高中化学课程标准（2017 年版 2020 年修订）》（以下简称《课程标准》）立足于学生发展的需要，围绕着落实核心素养的目标，强调在高中阶段化学实验教学对于学生能力与素养发展所起到的重要作用，并提出进一步培养要求。其中在"科学探究与创新意识"中明确要求："认识科学探究是进行科学解释和发现、创造和应用的科学实践活动；能发现和提出有探究价值的问题；能从问题和假设出发，依据探究目的，设计探究方案，运用化学实验、调查等方法进行实验探究；勤于实践，善于合作，敢于质疑，勇于创新"，说明实验探究手段在培养学生探究和创新意识方面的不可或缺的地位。除此之外，《课程标准》还主张通过化学实验等形式的科学探究活动，激发学生学习兴趣，掌握学科基础知识，了解科学探究的思路与方法，培养学生严谨求实的科学态度，与此同时，充分发挥学生的主观能动性并培养合作探究的能力。

化学实验教学是培养学生科学思维的重要途径之一。通过化学实验教学，学生可以亲自动手操作、观察现象、收集数据、进行分析，从而培养了他们的观察、实验设计、数据处理和科学推理能力。化学实验教学也可以激发学生对化学学科的兴趣和好奇心，促使他们主动进行探究和实验，培养他们的科学精神和创新意识。同时，化学实验教学还可以让学生深入理解化学知识，加深他们对化学理论的认识和理解，从而提高他们的科学素养和探究能力。化学实验教学对发展学生科学态度与责任核心素养具有重要的意义。通过化学实验，学生能够亲身体验科学知识，培养对科学的兴趣和热爱，激发他们主动进行探究和实验的动力，并从中获得乐趣。这有助于培养学生积极的科学态度，使他们对科学持开放、批判性的思维，愿意接受并赞赏科学知识，同时也乐于进行科学探究与实践。化学实验教学也有助于培养学生的责任素养。在实验中，学生需要严格遵守实验规程和安全操作程序，对实验环境和器材负责。此外，他们也需要对实验过程进行有效的规划和执行，对实验结果进行分析和总结，这些过程都需要学生具备严谨的态度和强烈的责任心。通过这些实践，学生能够逐渐培养出积极、负责的科学实验精神，提高团队协作与合作意识，培养批判性思维和解决问题的能力，进而提升他们的核心素养。

实验教学既是重要的教学模式、教学方法、教学手段和教学环节，也是学科教学的重要内容，是构建各学科理论体系的基础，是深入实施课程标准、加强实验教学的重要途径。实验教学的过程是学生探索求知、体验创新创造的过程，有助于开发学生的创新潜质，启迪学生的实践智慧和创新思维，为培养创新人才奠定基础。化学实验教学是国家课程方案和课程标准规定的重要教学内容，是培养创新人才的重要途径。

落实高中化学实验教学发展学生核心素养的教育功能

高中化学学科核心素养是学科育人价值的集中体现，是学生通过学科学习而逐步形成的正确价值观、必备品格和关键能力，高中化学学科核心素养是高中学生发展核心素养的重要组成部分，是学生综合素质的具体体现，反映了社会主义核心价值观下化学学科育人的基本要求，全面展现了化学课程学习对学生未来发展的重要价值。化学学科核心素养包括"宏观辨识与微观探析""变化观念与平衡思想""证据推理与模型认知""科学探究与创新意识""科学态度与社会责任"五个方面，其主要内容见表1-1。

表 1-1 高中化学学科核心素养及其内涵

核心素养	内涵
宏观辨识与微观探析	能从不同层次认识物质的多样性，并对物质进行分类；能从元素和原子、分子水平认识物质的组成、结构、性质和变化，形成"结构决定性质"的观念。能从宏观和微观相结合的视角分析与解决实际问题
变化观念与平衡思想	能认识物质是运动和变化的，知道化学变化需要一定的条件，并遵循一定规律；认识化学变化的本质特征是有新物质生成，并伴有能量转化；认识化学变化有一定限度、速率，是可以调控的。能多角度、动态地分析化学变化，运用化学反应原理解决简单的实际问题
证据推理与模型认知	具有证据意识，能基于证据对物质组成、结构及其变化提出可能的假设，通过分析推理加以证实或证伪；建立观点、结论和证据之间的逻辑关系。知道可以通过分析、推理等方法认识研究对象的本质特征、构成要素及其相互关系，建立认知模型，并能运用模型解释化学现象，揭示现象的本质和规律

续表

核心素养	内涵
科学探究 与创新意识	认识科学探究是进行科学解释和发现、创造和应用的科学实践活动；能发现和提出有探究价值的问题；能从问题和假设出发，依据探究目的，设计探究方案，运用化学实验、调查等方法进行实验探究；勤于实践，善于合作，敢于质疑，勇于创新
科学态度 与社会责任	具有安全意识和严谨求实的科学态度，具有探索未知、崇尚真理的意识；深刻认识化学对创造更多物质财富和精神财富、满足人民日益增长的美好生活需要的重大贡献；具有节约资源、保护环境的可持续发展意识，从自身做起，形成简约适度、绿色低碳的生活方式；能对与化学有关的社会热点问题作出正确的价值判断，能参与有关化学问题的社会实践活动

高中化学学科核心素养五个方面立足高中学生的化学学习过程，各有侧重，相辅相成。"宏观辨识与微观探析""变化观念与平衡思想""证据推理与模型认知"要求学生形成化学学科的思想和方法；"科学探究与创新意识"从实践层面激励学生勇于创新；"科学态度与社会责任"进一步揭示了化学学习更高层次的价值追求。学生发展核心素养是新一轮课程改革的上位概念，涵盖各门科目的学科核心素养，各个学科核心素养都是学生发展核心素养的重要组成部分，都需要为学生发展核心素养做贡献，都强调知识、态度和能力的综合。朱老师[①]梳理化学学科核心素养和学生发展核心素养的具体内涵，得出图 1-1 所示对应关系。可以发现化学学科主要落实承担科学精神、学会学习、健康生活、责任担当、实践创新这五个学生发展核心素养要素的培养任务，更为侧重科学素养、学习能力、实践能力等方面。

---

① 朱鹏飞.研究化学学科核心素养需要关注的几对关系 [J].化学教学，2018（06）：12-18.

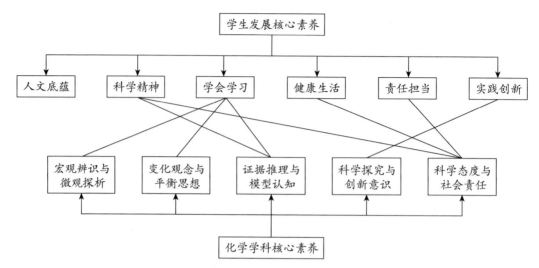

图 1-1 学生发展核心素养与化学学科核心素养的对应关系图

化学实验作为化学教学中的重要组成部分，具有丰富而深远的教育教学功能。通过化学实验，学生不仅能够将理论知识联系实际，深入理解抽象概念，还能培养实验技能、科学思维和创新意识，提高对科学的兴趣和理解。化学实验具有强大的教育功能，使抽象的化学理论变得具体而直观。在实验中，学生亲身参与操作，观察实验现象，实际感受和体验抽象的化学知识。这种实践操作的方式有助于学生更深入地理解化学理论，加深对知识点的记忆，并使知识更加牢固。

例如，通过酸碱中和实验，学生能够亲自体验酸碱反应的现象，理解酸碱中和的基本原理，而不仅仅是记住相关的公式和概念。又如第八届全国中小学实验教学中的实验"红外热像仪在化学实验中的应用——以'分子间作用力的比较实验'为例"，通过红外热像仪测温，设计了简单易操作的探究实验。这个实验通过直观、准确地展示微观的分子间作用力存在以及影响范德华力的因素，结合实验设置逐步推进问题链，有效推动教学。利用数字化实验仪器对分子间作用力大小进行比较，有助于发展学生在实验探究方面的水平，包括孤立水平和系统水平。通过对多组实验结果的分析，建立并逐步完善了熔、沸点比较的模型。通过深入分析多组实验结果，学生能够逐步建立并完善熔、沸点比较的模型。这种探究过程不仅使学生记住结论，而且能更好地理解分子间作用力大小进行比较的相关知识。通过实际实验和结果分析，学生能够体验科学探究的过程，理解实验设计的意义，以及模型的构建过程。这种学习方式促使他们在概念层面和实践层面都更深入地掌握分子间作用力的本质，而不只是机械性地死记硬背结论。

《课程标准》明确规定了高中学生必做的 18 个实验，如必修教材中化学能转化成电能的实验就是培养学科核心素养的重要实验之一，实验中一系列的探索过程可以很好地培育学生的宏观辨识与微观探析、证据推理与模型认知素养，彰显科学态度和社会责任素养在学生价值观形成中的重要作用。尤其是化学实验中培养学生的科学探究与创新意识，是证据推理与模型认知素养发展的重要路径之一，从实验探究活动中也进一步地固化学生的科学精神，联系化学发展史的教学进一步强化学生的社会责任。这些教育教学功能使得化学实验成为化学教育中的重要手段和途径。学生的科学探究与创新意识，科学精神和社会责任素养在实验教学中得到很好的培养和落实。

第二节　普通高中化学课程标准实验教学要求分析

 一　新旧高中化学课程标准中关于化学实验教学部分对比

相较于原来实验版课程标准，《普通高中化学课程标准（2017 年版 2020 年修订）》在化学实验部分有了很大变化。课程目标中由"获得有关化学实验的基础知识和基本技能，学习实验研究的方法，能设计并完成一些化学实验"变为"能依据探究目的设计并优化实验方案，完成实验操作，能对观察记录的实验信息进行加工并获得结论；能和同学交流实验探究的成果，提出进一步探究或改进的设想"，具体说明了要获得哪些化学实验基本技能。必修部分的学业要求由"学会实验技能"提升为"了解科学探究过程包括提出问题和假设、设计方案、实施实验、获取证据、分析解释或建构模型、形成结论及交流评价等核心要素"，从表述上强调化学实验基础知识与基本技能的落实，更重视化学实验核心思路和方法的渗透。具体内容见表 1-2。

表 1-2　新旧高中化学课程标准中关于实验教学内容对比

内容	新课标	旧课标	区别
1.1 化学科学的主要特征	1.1.2 认识化学科学研究需要实证与推理，注重宏观与微观的联系；了解实验、假说、模型、比较、分类等方法在化学科学研究中的运用	认识实验、假说、模型、比较、分类等科学方法对化学研究的作用	新增：认识化学科学研究需要实证与推理，注重宏观与微观的联系，使核心素养具体化、整合化
1.2 科学探究过程	1.2.1 认识科学探究是进行科学解释和发现、创造和应用的科学实践活动	体验科学探究的过程	变动：从体验科学探究的过程到认识科学探究是科学实践活动，使得科学探究具有更好的认识功能
	1.2.2 了解科学探究过程包括提出问题和假设、设计方案、实施实验、获取证据、分析解释或建构模型、形成结论及交流评价等核心要素	能够独立或与同学合作完成实验，记录实验现象和数据，完成实验报告，并能主动进行交流	新增：了解科学探究的核心要素，突出分析解释或建构模型，使核心素养具体化，形成特定图示，具有可迁移性

续表

内容	新课标	旧课标	区别
1.2 科学探究过程	1.2.3 理解从问题和假设出发确定研究目的、依据研究目的的设计方案、基于证据进行分析和推理等对于科学探究的重要性	初步认识实验方案设计、实验条件控制、数据处理等方法在化学学习和科学研究中的应用	变动：从初步认识水平到理解水平，理解科学探究的核心素养间的相互关联，突出基于证据进行分析和推理这一要素
1.3 化学实验	1.3.1 认识化学实验是研究和学习物质及其变化的基本方法，是科学探究的一种重要途径	学习运用以实验为基础的实证研究方法	新增：认识化学实验是研究和学习物质及其变化的基本方法，突出实验的重要性
	1.3.2 初步学会物质检验、分离、提纯和溶液配制等化学实验基础知识和基本技能	初步学会物质的检验、分离、提纯和溶液配制等实验技能	新增：学会物质检验、分离、提纯和溶液配制等化学实验基础知识
	1.3.3 学习研究物质性质，探究反应规律，进行物质分离、检验和制备等不同类型化学实验及探究活动的核心思路与基本方法。体会实验条件控制对完成科学实验及探究活动的作用		新增

续表

内容	新课标	旧课标	区别
1.4 科学态度与安全意识	1.4.1 发展对化学实验探究活动的好奇心和兴趣，养成注重实证、严谨求实的科学态度，增强合作探究意识，养成独立思考、敢于质疑和勇于创新的精神		新增
	1.4.2 树立安全意识和环保意识。熟悉化学品安全使用标识，知道常见废弃物的处理方法，知道实验室突发事件的应对措施，形成良好的实验工作习惯	树立安全意识，能识别化学品安全使用标识，初步形成良好的实验工作习惯	新增：树立环保意识，知道常见废弃物的处理方法，知道实验室突发事件的应对措施

 新课程标准对高中化学实验教学的要求

新课程标准在必修课程部分设置了"化学科学与实验探究"主题，将实验版课程标准设置的"认识化学科学"和"化学实验基础"两个主题进行了整合，聚焦化学科学本质观和科学探究核心素养的培养，发展学生对于化学科学本质的认识，明确实验探究教学的目的、本质、内涵和要求，提高学生科学探究和化学实验的能力，培养学生的安全意识、科学态度和创新精神。建立了科学探究的大概念，明确提出学生应建立科学探究的大概念，包括以下三个方面的核心认识：认识科学探究是进行科学解释和发现、应用和创造的科学实践活动；了解科学探究过程包括提出问题和假设、设计方案、实施实验、获取证据、分析解释或建构模型、形成结论及交流评价等核心要素；理解从问题和假设出发确定研究目的、依据研究目的设计方案、基于证据进行分析和推理等对于科学探究的重要性。

　　新课程标准明确了化学实验探究能力培养的内涵，规定了学生必做实验。化学实验探究能力培养的内涵包括基本认识、基本技能、基本经验。基本认识要求引导学生认识化学实验是研究和学习物质及其变化的基本方法，是科学探究的一种重要途径。基本技能要求学生初步学会物质检验、分离、提纯和溶液配制等化学实验基础知识和基本技能。基本经验要求学生学习研究物质性质，探究反应规律，进行物质分离、检验和制备等不同类型化学实验及探究活动的核心思路与基本方法，体会实验条件控制对完成科学实验及探究活动的作用。化学实验能力和探究素养的形成必须基于必要的实践活动。为此，新课程标准选取了各类化学实验的代表性活动作为学生必做实验，见表1-3。每个学生必做实验都蕴含了实验及探究的基本认识、基本技能和基本经验的教育教学价值。

表1-3　《普通高中化学课程标准（2017年版2020年修订）》中的学生必做实验

必修课程学生必做实验	选择性必修课程学生必做实验
1. 配制一定物质的量浓度的溶液	1. 简单的电镀实验
2. 铁及其化合物的性质	2. 制作简单的燃料电池
3. 不同价态含硫物质的转化	3. 探究影响化学平衡移动的因素
4. 用化学沉淀法去除粗盐中的杂质离子	4. 强酸与强碱的中和滴定
5. 同周期、同主族元素性质的递变	5. 盐类水解的应用
6. 化学反应速率的影响因素	6. 简单配合物的制备
7. 化学能转化成电能	7. 乙酸乙酯的制备与性质
8. 搭建球棍模型认识有机化合物分子结构的特点	8. 有机化合物中常见官能团的检验
9. 乙醇、乙酸的主要性质	9. 糖类的性质

　　新课程标准对化学实验和科学探究提出了具体明确的能力表现要求，包括：具有较强的问题意识，能提出化学探究问题，能作出预测和假设；

能依据实验目的和假设，设计解决简单问题的实验方案，对实验方案进行评价；能运用实验基本操作实施实验方案，具有安全意识和环保意识；能观察并如实记录实验现象和数据，进行分析和推理，得出合理的结论；能与同学合作交流，对实验过程和结果进行反思，说明假设、证据和结论之间的关系，用恰当形式表达和展示实验成果；能根据不同类型实验的特点，设计并实施实验；能预测物质的某些性质，并进行实验验证；能运用变量控制的方法初步探究反应规律；能根据物质性质的差异选择物质分离的实验方法；能根据物质的特征反应和干扰因素选取适当的检验试剂；能根据反应原理选取实验装置制取物质。这些要求强调将一般科学探究能力与特定化学实验活动能力融合在一起；将实验探究的目的和内容、过程和方法相统一。强调实验探究教学过程中要注重科学态度、创新精神、安全意识的培养素养还涉及必备品格，实验探究主题要着力发展学生对化学实验探究活动的好奇心和兴趣，养成注重实证、严谨求实的科学态度，增强合作探究意识，养成独立思考、敢于质疑和勇于创新的精神。另外，要引导学生树立安全意识和环保意识，要求学生熟悉化学品安全使用标识，知道常见废弃物的处理方法，知道实验室突发事件的应对措施，养成良好的实验工作习惯。

在教学提示中的学习活动建议还涉及以下实验及探究活动，其中必修的 5 个主题建议开展实验及探究活动 44 个，选择性必修模块 1 的 3 个主题建议开展实验及探究活动 19 个，选择性必修模块 2 的 3 个主题建议开展实验及探究活动 13 个，选择性必修模块 3 的 3 个主题建议开展实验及探究活动 20 个。

表 1-4 《普通高中化学课程标准（2017 年版 2020 年修订）》中的实验及探究活动

课程	主题	实验及探究活动
必修	主题 1：化学科学与实验探究	配制一定物质的量浓度的溶液；常见气体的实验室制取（如氨气、氯气）；硫酸亚铁的制备；化工生产模拟实验（如制硫酸、制硝酸）；物质成分的检验（如补铁剂中的铁元素）
	主题 2：常见的无机物及其应用	胶体的丁达尔实验；电解质的电离；探究溶液中离子反应的实质及发生条件（测定电流或溶液电导率的变化）；氧化还原反应本质的探究；过氧化氢的氧化性、还原性的探究；金属钠的性质；碳酸钠与碳酸氢钠性质的比较；铁及其化合物的性质实验；氢氧化亚铁的制备；氯气的制备及性质；氯水的性质及成分探究；氨气的制备及性质；铵盐的性质；浓、稀硝酸的性质；氮氧化物的性质与转化；不同价态含硫物质的转化；某些含硫物质（如硫、二氧化硫、硫酸等）的性质；浓硫酸的性质；溶液中 Fe^{3+}、NH_4^+、CO_3^{2-}、Cl^-、SO_4^{2-} 等离子的检验；用化学沉淀法去除粗盐中的杂质离子
	主题 3：物质结构基础与化学反应规律	自主设计制作元素周期表；焰色试验；探究反应的可逆性；几个常见反应（如镁、铝与盐酸反应；碳酸氢铵或碳酸氢钠与醋酸或柠檬酸反应）的热效应；设计制作简易即热饭盒；用生活中的材料制作简易电池，探究干电池的构成
	主题 4：简单的有机化合物及其应用	乙烯的化学性质；乙醇中碳、氢元素的检测；固体酒精的制备；乙酸乙酯的制备；淀粉水解产物中葡萄糖的检验；蛋白质的变性、显色实验；吸水性高分子材料与常规材料吸水能力的比较；不同塑料遇热软化的难易程度的比较

续表

课程	主题	实验及探究活动
必修	主题5：化学与社会发展	实验室模拟海水提溴、镁；实验室模拟金属的冶炼；测定空气中二氧化硫等污染物的含量；补铁剂、抗酸性胃药中有效成分的检验；不同水果中维生素C含量的比较
选择性必修模块1化学反应原理	主题1：化学反应与能量	双液电池的构成及其工作原理；制作一个简单的燃料电池；锌锰干电池的探究；电解氯化铜溶液；电解饱和食盐水；简单的电镀实验；吸氧腐蚀；暖贴的设计
	主题2：化学反应的方向、限度和速率	浓度对氯化铁与硫氰化钾反应平衡的影响；温度对二氧化氮－四氧化二氮平衡的影响；测定某化学反应的速率；浓度、温度对硫代硫酸钠溶液与稀硫酸反应速率的影响；探究影响硫酸酸化的草酸溶液与酸性高锰酸钾溶液反应速率的原因；温度对加酶洗衣粉的洗涤效果的影响
	主题3：水溶液中的离子反应与平衡	测定溶液pH；强酸与强碱的中和滴定；探究促进或抑制氯化铁的水解；盐类水解的应用；沉淀的转化
选择性必修模块2物质结构与性质	主题1：原子结构与元素的性质	利用自制分光镜或者光谱仪查看不同元素的原子光谱；利用计算机作图，描述原子序数与原子半径、第一电离能、电负性等数据的关系，认识原子结构与元素性质变化的关系；根据原子结构和元素性质的变化规律自主设计、绘制元素周期表
	主题2：微粒间的相互作用与物质的性质	"相似相溶"规则的实际应用；水、四氯化碳等分子极性的比较；简单配合物的制备，如银、铜、铁等金属离子所形成的配合物的制取与性质；制作典型的金属晶体、离子晶体结构模型；利用模型分析金刚石晶体与石墨晶体的结构特点，讨论两者性质的差异

续表

课程	主题	实验及探究活动
选择性必修模块2物质结构与性质	主题3：研究物质结构的方法与价值	模拟利用X射线衍射研究物质微观结构的方法；借助物质熔、沸点变化与范德华力的关系探究影响范德华力的因素；探究发现氢键和建立氢键理论模型的过程；研究氢键对物质性质的影响；探究分子的价电子数目与空间结构的关系
选择性必修模块3有机化学基础	主题1：有机化合物的组成与结构	用球棍模型搭建常见有机化合物的分子结构；多媒体软件展示有机化合物分子的空间结构和异构现象；以苯酚、苯和乙醇化学性质的比较为例，实验探究有机化合物分子中的基团与化学性质的关系，以及基团之间存在相互影响
	主题2：烃及其衍生物的性质与应用	一组烃的性质（如乙炔的化学性质、甲苯与酸性高锰酸钾溶液的反应）；一组烃的衍生物的性质（如醛基的性质与检验）；苯的溴代或硝化反应；1-溴丁烷的取代和消去反应；乙醇的消去反应；乙酸乙酯的制备与性质；苯酚的化学性质及其检验；纤维素的水解；油脂的皂化反应与肥皂的洗涤作用；有机化合物（如阿司匹林的有效成分）中常见官能团的检验
	主题3：生物大分子及合成高分子	蔗糖的水解；葡萄糖的性质；酶的催化作用；聚乙烯、聚氯乙烯、聚苯乙烯的区分；聚苯乙烯的热分解；氨基酸的检验（与茚三酮的反应），蛋白质含量的检测（氨基与亚硝酸的反应）；酚醛树脂的合成

　　新课程标准除设置必修和选择性必修（国家课程）外，还设置了选修课程（校本课程），选修课程设置了"实验化学""化学与社会""发展中的化学科学"三个系列，旨在为不同的学生提供丰富多样的选择。其中专门针对实验开设的"实验化学"系列有助于学生更深刻地认识实验在化学科学中的地位和对化学学习的重要作用，掌握基本的化学实验方法和技

能，进一步体验实验探究的基本过程，进一步发展学生解决综合实验问题的能力，对发展学生"科学探究与创新意识"的化学学科核心素养有独特的价值。该系列包括"基础实验""化学原理探究""化工生产过程模拟实验""STSE 综合实验"共四个主题。

主题 1 为基础实验。该主题从化学实验本体的角度，从物质性质和反应规律的研究、物质的制备、物质的分离与提纯、物质的检测四个方面给出选取实验活动的建议。这四个方面充分考虑化学实验在化学科学中的核心功能和基本属性，同时反映了从化学角度对实验活动和实验方法的基本分类。每个方面的任务都有特定的活动经验，帮助学生"认识解决这些类型的实验任务的一般思路和常用方法，掌握必需的实验操作技能"。新课程标准将这四个方面外显出来，每种类型给出若干实验活动示例，这对于原来的相应内容是一个有效的梳理、整合和提升。

主题 2 为化学原理探究。该主题的设置在"基础实验"的基础上进一步与其他系列、模块或主题的内容相互关联，通过实验探究的方式，帮助学生深化对基础的或前沿的化学原理的认识。该主题内容的选取从三个方面进行：第一，考虑与选择性必修模块 1"化学反应原理"相关联，从化学核心概念或基本原理中提出并选择研究性问题，开展有关实验活动；第二，与选修课程"发展中的化学科学"系列相关联，从当代化学科学研究成果中选择内容，简化设计成实验活动；第三，与选择性必修模块 2"物质结构与性质"和选修课程"发展中的化学科学"系列相关联，借助化学软件实物模型进行分子结构理论计算、分子结构模型搭建。其中，前两个方面的关联是基于实体的实验材料和工具实施的。第三个方面的关联则是借助计算机程序进行的超越了经典的实验形式，这是现代计算化学实验的重要内容。这一内容的引入很好地体现了化学科学发展的时代特征。需要说明的是，有机化学实验也是化学实验的重要领域，考虑到有机化学实验的操作性、安全性、时间周期等因素，实施起来有一定的难度，故新课程标准尚未将有机化学实验作为一个独立的角度外显出来，鼓励学校做创造性的课程与活动开发。

主题 3 为化工生产过程模拟实验。加强技术与工程教育，体现科学与技术、社会的联系，是全球科学教育越来越认同并追求的价值取向，"实验化学"系列对此也做了积极响应。考虑到实验室条件的限制，该主题定位在"模拟"上，让学生"以真实的化工生产过程为研究对象，借助相关资料对化工生产的原理、流程进行复原和模拟"。该主题选取的实验活动可以是经典的或者现代的化工生产中的原理，也可以是中外古代科技中的生产过程。

主题 4 为 STSE 综合实验。该主题与"系列 2 化学与社会"中的"主题 3：STSE 综合实践"相呼应，都指向 STSE 教育理念在不同课程系列中的体现。STSE 是科学（science）、技术（technology）、社会（society）、环境（environment）的英文缩写。STSE 教育理念是对 STS 的延伸，在发展科技、生产的同时，保护人类赖以生存的环境已成为当今社会可持续发展的重大课题，因此环境教育是公民科学素养教育的重要组成方面。由科学、技术、社会、环境构成的 STSE 教育强调科学、技术与社会、环境的相互关系，重视科学技术在社会生产、生活环境和社会发展中的作用，是指导和实施学科教育的重要理念。新课程标准在"实验化学"系列中设置"STSE 综合实验"主题，一方面充分体现了 STSE 教育理念，另一方面是由于 STSE 综合实验项目可以给学生创设综合性、复杂性的真实问题解决情境，有利于学生素养的培养。该主题建议从三个角度选取实验项目：围绕资源、能源与环境等与可持续发展密切相关的问题开展综合实验项目；围绕材料性质与性能探究，材料开发与生产、新型材料设计等开展综合实验项目；围绕生命健康相关问题，以食物成分的检测、食品加工过程探究、天然药物提取、药物成分检验、药物设计与合成、化妆品等日用化学品的制备等为载体开展综合实验项目。这三个方面很好地表达了化学作为一门中心学科的特征。

三 中国高考评价体系对高中化学实验教学的要求

教育部考试中心发布《中国高考评价体系》，给出关于高考命题、评价与改革的权威解答。高考评价体系明确了高考的核心功能是"立德树人、服务选才、引导教学"。这意味着，高考内容改革将据此做好战略定位，坚持正确政治方向，确保高考为国选才的水平和质量。

立德树人是教育的根本任务，统领服务选才和引导教学。高考内容改革以立德树人为核心，把理想信念、爱国主义、品德修养、奋斗精神等浸润到考查内容中，加强社会主义核心价值观的考查，弘扬中华优秀传统文化、革命文化和社会主义先进文化，强化宪法和法治意识、社会责任感，增强"四个自信"。在评价理念上，高考由传统的对知识、能力的考查向对知识、能力、素养、价值观的综合考查转变。考查考生是否具备良好的政治素质、道德品质和科学思想方法；是否能在面对生活实践或学习探索问题时，合理运用科学的思维方法，有效整合、运用学科相关知识和能力，高质量地认识问题、分析问题和解决问题。

根据高校人才选拔要求和国家课程标准，遵循考试评价的规律，高考评价体系将应考查的素质教育目标凝练为"核心价值、学科素养、关键能力、必备知识"的"四层"考查内容。在"四层"的构建中，"核心价值"指明立德树人根本任务，起到方向引领作用；"学科素养"承接核心价值的方向引领，统摄关键能力与必备知识；"关键能力"是支撑和体现学科素养要求的能力表征；"必备知识"是培养能力、达成素养的基础。"四层"紧密关联，构成有机整体，使素质教育目标在高考中得到系统的体现。高考评价体系通常不仅仅考查学生对化学知识的掌握程度，同时也重视学生的实验能力、科学思维和探究精神。首先，化学实验教学有助于培养学生的实验能力。高考评价体系通常考查学生的实验操作能力、数据处理能力和实验结果的分析能力。通过化学实验教学，学生可以积累实验操作的经验，熟练掌握实验操作技能，提高数据处理和结果分析的能力，从而更好地应对高考中的基础实验题和探究性题目。其次，化学实验教学有助于培养学生的科学思维和探究精神。高考评价体系通常希望学生具有科学探究的能力，包括观察、实验设计、数据分析和推理能力等。通过化学实验，学生可以逐渐培养出科学思维和探究精神，提高他们的观察和实验设计能力，加强数据处理和科学推理的能力，从而更好地应对高考中的探究性题目和理论题目。

第三节 不同版本高中化学教材实验教学对比分析

四个版本高中化学新教材的实验都以化学核心素养为目标导向，实验类型丰富、实验数量也多，注重化学基础知识和基本技能的培养，也提出大量让学生思考的问题，并提供足够的思考空间，提升学生的学习能力、创新思维与科学精神。

人教版普通高中化学教材实验设置

人民教育出版社出版的普通高中化学教材（简称"人教版"）设置了"实验""探究""实验活动"等实验相关的栏目，具体数量见表 1-5。其中，"实验"是针对相关内容设置的实验，可教师演示、边讲边做或学生自己完成；"探究"主要是体现探究过程和思路的活动，以实验为主，兼顾其他形式；"实验活动"是《课程标准》中要求的"学生必做实验"。

表 1-5　人教版普通高中化学教材中的实验相关栏目数量

教材	章名	"实验"数量	"探究"数量	"实验活动"数量
必修第一册	第一章　物质及其变化	3	0	0
	第二章　海水中的重要元素——钠和氯	10	1	1
	第三章　铁 金属材料	5	1	1
	第四章　物质结构 元素周期律	1	2	1
必修第二册	第五章　化工生产中的重要非金属元素	8	1	2
	第六章　化学反应与能量	3	2	2
	第七章　有机化合物	9	1	2
	第八章　化学与可持续发展	0	0	0
选择性必修1	第一章　化学反应的热效应	0	1	0
	第二章　化学反应速率与化学平衡	3	1	1
	第三章　水溶液中的离子反应与平衡	5	2	2
	第四章　化学反应与电能	4	0	2
选择性必修2	第一章　原子结构与性质	0	2	0
	第二章　分子结构与性质	0	1	0
	第三章　晶体结构与性质	5	1	1
选择性必修3	第一章　有机化合物的结构特点与研究方法	1	1	0
	第二章　烃	2	1	0
	第三章　烃的衍生物	8	3	2
	第四章　生物大分子	5	1	1
	第五章　合成高分子	1	1	0

鲁科版普通高中化学教材实验设置

山东科学技术出版社出版的普通高中化学教材（简称"鲁科版"）设置了"观察·思考""活动·探究"等实验相关的栏目。其中，"观察·思考"以教师的演示实验为主，引导学生观察并分析实验现象，得出结论；"活动·探究"以学生的探究活动为主，通过以实验为主的多种探究活动，让他们获得知识。另外，教材每章的最后设置了"微项目"，选择项目素材时精心处理真实复杂性与学生学习阶段性（所学知识的有限性）的关系，特别精心地设问，通过控制设问点和提供信息资料和学习支架，努力做到既符合实际又与学生所学的知识内容密切相关，让学生在分析和解决真实问题任务的过程中培养和发展核心素养，部分"微项目"也涉及实验相关内容。具体数量见表1-6。

表1-6 鲁科版普通高中化学教材中的实验相关栏目数量

教材	章名	"观察·思考"数量	"活动·探究"数量	"微项目"是否涉及实验
必修第一册	第1章 认识化学科学	1	2	是
	第2章 元素与物质世界	2	3	是
	第3章 物质的性质与转化	3	4	否
必修第二册	第1章 原子结构 元素周期律	1	4	是
	第2章 化学键 化学反应规律	3	3	是
	第3章 简单的有机化合物	6	4	是

续表

教材	章名	"观察·思考"数量	"活动·探究"数量	"微项目"是否涉及实验
选择性必修1	第1章 化学反应与能量转化	0	5	是
	第2章 化学反应的方向、限度与速率	1	2	否
	第3章 物质在水溶液中的行为	4	4	是
选择性必修2	第1章 原子结构与元素性质	1	0	是
	第2章 微粒间相互作用与物质性质	0	1	是
	第3章 不同聚集状态的物质与性质	1	0	否
选择性必修3	第1章 有机化合物的结构与性质 烃	1	0	否
	第2章 官能团与有机化学反应 烃的衍生物	2	4	否
	第3章 有机合成及其应用 合成高分子化合物	0	1	否

 苏教版普通高中化学教材实验设置

江苏凤凰教育出版社出版的普通高中化学教材（简称"苏教版"）设置了"基础实验""实验探究""观察思考"等实验相关的栏目，具体数量见表1-7。其中，"基础实验"是要求学生在学习中同步完成的必做实验，学生不仅要了解这些实验的基本原理，还要学会动手操作，切实提高自己观察、记录和分析实验现象的能力；"实验探究"引领学生积极投身更多的实验活动，熟悉实验流程，设计探究方案，独立或合作完成实验操作，记录实验现象，基于实验证据进行推理；"观察思考"由教师展示实验现象、模型、图表等，提出相关问题激发学生思考，尝试解析其中蕴含的化学原理，帮助学生开启化学思维。

表 1-7　苏教版普通高中化学教材中的实验相关栏目数量

教材	专题	"基础实验"数量	"实验探究"数量	"观察思考"涉及实验的数量
必修第一册	专题 1　物质的分类及计量	0	1	0
	专题 2　研究物质的基本方法	1	1	5
	专题 3　从海水中获得的化学物质	1	5	2
	专题 4　硫与环境保护	1	0	1
	专题 5　微观结构与物质的多样性	3	0	1
必修第二册	专题 6　化学反应与能量变化	3	1	2
	专题 7　氮与社会可持续发展	0	1	2
	专题 8　有机化合物的获得与应用	4	3	4
	专题 9　金属与人类文明	1	2	1
选择性必修 1	专题 1　化学反应与能量变化	2	3	2
	专题 2　化学反应速率与化学平衡	2	2	4
	专题 3　水溶液中的离子反应	2	6	2

续表

教材	专题	"基础实验"数量	"实验探究"数量	"观察思考"涉及实验的数量
选择性必修2	专题1 揭示物质结构的奥秘	0	0	0
	专题2 原子结构与元素性质	0	0	0
	专题3 微粒间作用力与物质性质	0	0	0
	专题4 分子空间结构与物质性质	1	3	0
选择性必修3	专题1 有机化学的发展及研究思路	0	1	0
	专题2 有机物的结构与分类	0	1	0
	专题3 石油化工的基础物质——烃	0	2	1
	专题4 生活中常用的有机物——烃的含氧衍生物	4	4	1
	专题5 药物合成的重要原料——卤代烃、胺、酰胺	0	0	2
	专题6 生命活动的物质基础——糖类、油脂、蛋白质	2	5	1

（四）沪科技版普通高中化学教材实验设置

上海科学技术出版社出版的普通高中化学教材（简称"沪科技版"）设置了"实验探究"栏目，该栏目与实验相关，提供教师演示和学生必做实验等内容。必修课程还设计了"项目学习活动"栏目，让学生在真实且复杂的实验任务中发展高阶思维。具体见表1-8。

表 1-8　沪科技版普通高中化学教材中的实验相关栏目数量

教材	章名	"实验探究"数量	"项目学习活动"数量
必修 第一册	第 1 章　化学研究的天地	4	1
	第 2 章　海洋中的卤素资源	8	0
	第 3 章　硫、氮及其循环	8	1
	第 4 章　原子结构和化学键	1	0
必修 第二册	第 5 章　金属及其化合物	8	1
	第 6 章　化学反应速率和化学平衡	3	0
	第 7 章　常见的有机化合物	6	1
选择性 必修 1	第 1 章　化学反应的热效应	2	0
	第 2 章　化学反应的方向、限度和速率	1	0
	第 3 章　水溶液中的离子反应与平衡	3	0
	第 4 章　氧化还原反应和电化学	5	0
选择性 必修 2	第 1 章　原子结构与性质	0	0
	第 2 章　分子结构与性质	2	0
	第 3 章　晶体结构与性质	1	0
选择性 必修 3	第 1 章　认识有机化学	0	0
	第 2 章　烃和卤代烃	4	0
	第 3 章　烃的含氧衍生物	6	0
	第 4 章　生物大分子与合成高分子	3	0
	第 5 章　有机化合物的合成与研究	1	0

五 高中化学基本实验活动目录

为贯彻教育部《基础教育课程教学改革深化行动方案》，落实《教育部关于加强和改进中小学实验教学的意见》要求，培养具有创新意识、实践能力、动手能力和复杂问题解决能力的创新型人才，提升中小学科学教育质量，在教育部基础教育司指导下，由教育部教育技术与资源发展中心（中央电化教育馆）组织专家团队研制并发布了《中小学实验教学基本目录（2023年版）》，目录包含了初中化学基本实验活动35个，高中化学基本实验活动63个（其中必修课程27个）。其中高中化学基本实验活动具体见表1-9。

表1-9 《中小学实验教学基本目录（2023年版）》高中化学基本实验活动

学段	基本实验活动
高中化学必修课程	1. 配制一定物质的量浓度的溶液 2. 实验室安全防护装置的使用与突发事件处理 3. 实验室常见废弃物的处理 4. 观察胶体的丁达尔效应 5. 氧化还原反应本质的探究 6. 探究电解质的电离 7. 探究溶液中离子反应的实质及发生条件 8. 溶液中常见离子的检验 9. 探究金属钠的性质 10. 探究铁及其化合物的性质 11. 碳酸钠与碳酸氢钠性质的比较 12. 氯气的制备及性质研究 13. 氯水的性质及成分探究 14. 不同价态含硫物质的转化 15. 常见含氮物质的性质与转化

续表

学段	基本实验活动
高中化学必修课程	16. 用化学沉淀法去除粗盐中的杂质离子
	17. 探究同周期、同主族元素性质的递变规律
	18. 探究化学反应的限度
	19. 探究化学反应速率的影响因素
	20. 研究化学能转化成热能
	21. 研究化学能转化成电能
	22. 搭建球棍模型认识有机化合物分子结构的特点
	23. 探究乙烯的化学性质
	24. 探究乙醇、乙酸的主要性质
	25. 补铁剂、抗酸性胃药中有效成分的检验
	26. 不同水果中维生素 C 含量的比较
	27. 实验室模拟海水提溴、提镁
高中化学选择性必修课程模块 1 化学反应原理	28. 探究双液电池的构成及其工作原理
	29. 制作简单的燃料电池
	30. 电解氯化铜溶液
	31. 电解饱和食盐水
	32. 简单的电镀实验
	33. 吸氧腐蚀
	34. 探究影响化学平衡移动的因素
	35. 探究影响反应速率的因素
	36. 探究电离平衡及其移动
	37. 强酸与强碱的中和滴定
	38. 探究水解平衡及其移动
	39. 盐类水解的应用
	40. 探究沉淀溶解平衡及其移动
	41. 模拟侯氏制碱法

学段	基本实验活动
高中化学选择性必修课程模块2物质结构与性质	42. 利用计算机作图分析元素性质相关参数的变化规律
	43. 根据原子结构和元素性质的变化规律自主设计、绘制元素周期表
	44. 简单配合物的制备
	45. 探究氢键及其对物质性质的影响
	46. 常见分子极性的比较
	47. 搭建球棍模型认识典型分子的空间结构特点
	48. 制作典型的晶体结构模型
	49. 模拟利用 X 射线衍射研究物质微观结构的方法
高中化学选择性必修课程模块3有机化学基础	50. 用球棍模型搭建常见有机化合物的分子结构
	51. 探究有机化合物中的官能团与物质性质的关系
	52. 探究烯烃与炔烃的性质
	53. 探究芳香烃的性质
	54. 探究卤代烃的性质
	55. 探究醇、酚的性质
	56. 探究醛、酮的性质
	57. 探究羧酸的性质
	58. 乙酸乙酯的制备与性质
	59. 有机化合物中常见官能团的检验
	60. 酚醛树脂的合成
	61. 探究糖类的性质
	62. 探究蛋白质的性质
	63. 常见塑料的性质与区分

第四节　高中化学实验教学是落实化学学科核心素养的必由路径

学科核心素养作为学科育人价值的集中体现，是学生通过学科课程学习逐步形成的该学科的正确价值观、必备品格和关键能力。作为发展高中学生核心素养重要组成部分的高中化学学科核心素养是学生综合素质的具体体现，反映了社会主义核心价值观下化学学科育人的基本要求，全面展现了化学课程学习对学生未来发展的重要价值。《课程标准》中对实验部分着重笔墨，对实验教学有明确的理念、目标和素养要求。

在课程基本理念中要求"重视开展'素养为本'的教学，倡导真实问题情境的创设，开展以化学实验为主的多种探究活动，重视教学内容的结构化设计，激发学生学习化学的兴趣，促进学生学习方式的转变，培养他们的创新精神和实践能力"。

在课程目标中要求"能发现和提出有探究价值的化学问题，能依据探究目的设计并优化实验方案，完成实验操作，能对观察记录的实验信息进行加工并获得结论；能和同学交流实验探究的成果，提出进一步探究或改进的设想；能尊重事实和证据，破除迷信，反对伪科学；养成独立思考、敢于质疑和勇于创新的精神"。

在化学学科核心素养科学探究与创新意识中要求"认识科学探究是进行科学解释和发现、创造和应用的科学实践活动；能发现和提出有探究价值的问题；能从问题和假设出发，依据探究目的，设计探究方案，运用化学实验、调查等方法进行实验探究；勤于实践，善于合作，敢于质疑，勇于创新"。

高中化学实验教学承载着化学知识学习、化学实验科学探究能力、科学研究方法、科学精神教育等多重任务，能够在实践层面落实对学生创新能力的发展。除了素养 4 "科学探究与创新意识"外，实验教学还涉及了"宏观辨识与微观探析""变化观念与平衡思想""证据推理与模型认知""科学态度与社会责任"等方面的学科核心素养。梳理近几届全国中小学实验教学说课作品，总结出高中化学实验教学主要在以下几个方面发展学生的学科核心素养。

 高中化学融入科学探究素养的实验教学

科学探究是进行科学解释和发现、创造和应用的科学实践活动。科学探究过程包括提出问题和假设、设计方案、实施实验、获取证据、分析解释或构建模型、形成结论及交流评价等核心要素。

例如，本书第二章案例 6 "AI 辅助下的原电池改进探究"的设计思路是借助 AI 辅助，把教材锌铜原电池进行小型化、轻量化改进，引导学生由教材电池装置向真实电池靠拢，发展学生证据推理和模型认知的学科核心素养；借助 AI 辅助提供的信息，启发学生把教材电池模型和真实圆柱形或方形电池联系起来，进而改进、组装新电池，并结合数字化设备测试新电池和普通电池电流对比情况，发展学生科学探究和创新意识的学科核心素养。

本书第二章案例 12 "核心素养背景下高中化学数字化实验的设计与应用——以'影响弱电解质电离平衡的因素'为例"的科学探究过程是首先创设生活情境"被蚊虫叮咬后，应如何用家庭常见物质处理呢？"来引入课题，带领学生抽提出其中的化学平衡问题。其次，按照教材以弱电解质的典型代表物——醋酸为例，利用数字化实验探究影响弱电解质电离平衡的外界因素（浓度、温度），获得平衡移动的证据，利用理论知识（Q-K

关系）论证结果，并构建电离平衡移动的认知模型。最后，迁移应用电离平衡移动模型，分析并回答课堂伊始"被蚊虫叮咬如何处理"的问题。该实验教学源于新课程标准和教材呈现的学生必做实验，对学生实验前进行理论预测，注重学生的最近发展区，查阅文献并借助数字化传感器探究影响弱电解质电离平衡的外界因素（如浓度、温度），让学生通过实验学习化学，并利用学生前后测的对比，分析实验教学对学生的影响，注重"教、学、评"一体化，有效促进学生认知发展和学科核心素养的落实。

本书第二章案例 15 "如何实现铜置换锌——双液和纸色谱单液电解池实现'铜置换锌'反应的创新实验课"的设计思路为问题的提出——如何实现"铜置换锌"；问题的初步解决——双液电解池的设计；问题的创新性解决——纸色谱单液电解法的设计；实验中发现的新问题——反馈和思考，对课题进行进一步扩展探究。该实验以"如何实现'铜置换锌'的反应"为目标驱动，引导学生综合运用所学的化学知识和技能，进行实验设计和实验操作，分析和解决单液电解池、双液电解池、纸色谱电解池的实际问题。引导学生通过实验探究活动学习化学，发展学生科学探究与创新意识的学科核心素养。

 高中化学融入证据推理素养的实验教学

高中化学实验教学在科学探究的同时，发展学生证据推理的素养。证据推理素养是具有证据意识，能基于证据对物质组成、结构及其变化提出可能的假设，通过分析推理加以证实或证伪；建立观点、结论和证据之间的逻辑关系。

例如，本书第二章案例 7 "基于课堂真实问题情境的'海带提碘'实验条件优化"的探究过程是基于教材提供的"海带提碘"流程，借助文献查询等方式，学生自主查阅文献、设计方案、进行实验、观察记录并解释实验现象，归纳总结得出最优条件，充分尊重了学生的主体地位，有助于培养学生的实验设计创新意识、有效信息获取能力、证据推理能力。具体实施过程中教师善于抓住课堂的生成性问题，通过逐步解决 3 个核心问题层层推进教学。

本书第二章案例 14 "学生电镀实验条件优化和产物探究"的设计思路为发现异常，提出问题—分工合作，小组探究—组间合作，交流展示—反思和交流。该实验探究过程综合运用了文献研究、对比实验设计并分析结果、实验装置改进、化学分析、仪器分析等科学探究手段。让学生对科学探究过程有非常具体的体验，有助于提升学生科学探究、证据推理和创新意识的学科素养。

本书第二章案例 18 "气相色谱法在羧酸性质教学中的应用"以经典的"乙酸乙酯制备与性质"必做实验为知识载体，引入改进的简易气相色谱技术，实现课堂上对乙酸乙酯制备产物的测定，通过图像和数据直观地分析出有机反应的一些副产物，让学生感受新仪器对科学研究的价值，通过对照实验图，发展学生证据推理的科学素养。

高中化学融入宏观辨识素养的实验教学

高中化学实验教学在科学探究的同时，发展学生宏观辨识的素养。宏观辨识素养要求能从宏观和微观相结合的视角分析与解决实际问题。

例如，本书第二章案例 5 "基于化学学科核心素养的实验教学——以'卤化银甘油溶胶的制备及其感光实验'为例"的设计思路是创设情境，展示变色眼镜随光强度变化而变色的过程，让学生感知化学与生产、生活密切相关，体会化学学科价值，激发学生学习化学的兴趣；问题驱动，让学生利用实验室现有条件制备卤化银，并展示其感光性，探讨其光解速率的影响因素，确立具有探究价值的化学问题；文献研讨和任务驱动，引导学生独立思考、合作交流、设计方案、实验验证、优化方案、展示成果，从而达成实验教学的目标。在此过程中，通过定性观察、控制变量、对照实验、数据记录、科学归纳等方法促进知识体系的建立，实验技能的形成和科学探究、证据推理等核心素养的培养。该实验与物理光学知识有关，一定程度上实现跨学科实验探究。

本书第二章案例8"基于色度传感器探究影响化学反应速率的因素"的设计思路是探究浓度、温度、催化剂对化学反应速率的影响，借助传感器探究影响高锰酸钾和草酸反应的反应速率的多种因素，构建"宏—微—符—图"的立体认知模型。该实验以学生为中心，注重学生的最近发展区，教师以系列问题搭建思维进阶的脚手架，由学生自主设计实验探究影响高锰酸钾和草酸反应速率的因素，发展学生的探究能力和合作意识。在构建学生定性实验认知的基础上，拓展引入色度传感器构建定量实验图像，进行定量的一体化实验探究，培养学生的识图能力和观察分析图像的能力；学生由定性的实验现象，到定量的单一曲线和多曲线图像分析，层层递进，有效地促进学生认知的发展和科学探究、宏观辨识等学科核心素养的落实。

本书第二章的高中化学实验教学案例均体现化学学科核心素养，20个案例的高中化学实验教学中融入核心素养的占比见图1-2，具体情况见表1-10。

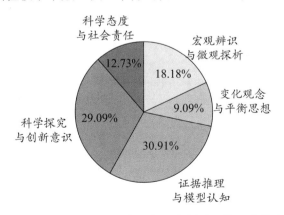

图1-2 本书第二章高中化学实验教学案例融入核心素养占比情况

表 1-10　本书第二章高中化学实验教学案例体现的化学学科核心素养统计表

编号	主题	核心素养
1	84 消毒液使用方法的探究	ADE
2	过氧化钠与水反应的异常现象及反应历程探究	AC
3	数码成像比色法测定补血剂中铁元素含量的实验研究	CD
4	混合碱中碳酸氢钠百分含量测定	ACD
5	卤化银甘油溶胶的制备及其感光实验	ABCDE
6	AI 辅助下的原电池改进探究	CDE
7	基于课堂真实问题情境的"海带提碘"实验条件优化	CD
8	基于色度传感器探究影响化学反应速率的因素	CD
9	探究影响化学反应速率和平衡移动的因素	BC
10	以 Fe^{3+} 催化过氧化氢分解机理实验	ACD
11	醋酸电离平衡随温度的变化	CD
12	影响弱电解质电离平衡的因素	BCDE
13	基于传感技术的原电池教学改进	ACDE
14	学生电镀实验条件优化和产物探究	CD
15	双液和纸色谱单液电解池实现"铜置换锌"反应的创新实验	CD
16	电解原理的探究	ADE
17	分子间作用力的比较实验	AC
18	气相色谱法在羧酸性质教学中的应用	ABC
19	石油分馏	ABCD
20	探秘静电纺纳米纤维空气过滤膜	DE

（说明：核心素养编码为：A．宏观辨识与微观探析，B．变化观念与平衡思想，C．证据推理与模型认知，D．科学探究与创新意识，E．科学态度与社会责任。）

第五节　高中化学实验教学的设计思路与策略

为便于理解高中化学实验教学设计原则和策略，将本书第二章实验教学创新案例的特点、情境、学生活动、采用的新技术梳理如表 1-11 所示。

表 1-11　本书第二章高中化学实验教学创新案例设计特点统计表

编号	主题	特点	情境	学生活动	新技术
1	84 消毒液使用方法的探究	实验装置材料来源生活化、可视化，数据更具说服力。实验环保	生活情境（84 消毒液与洁厕灵混用）	实验方案设计与事实	氧化还原传感器
2	过氧化钠与水反应的异常现象及反应历程探究	探究问题均来自真实教学过程中的异常现象，利用常规试管实验定性解决探究问题，引入数字化技术设备，由定性转定量	学术探索情境	设计方案并实施	O_2 传感器
3	数码成像比色法测定补血剂中铁元素含量的实验研究	数码成像比色法，该方法是一种定量测定方法，利用镜头代替人眼分辨色阶，进而较为准确地测定物质浓度	实验探究情境	项目式学习	手机数码成像
4	混合碱中碳酸氢钠百分含量测定	数字化传感器的使用，将过程可视化、形象化、利于分析与理解	实验探究情境	项目式学习	多种数字化传感器

编号	主题	特点	情境	学生活动	新技术
5	卤化银甘油溶胶的制备及其感光实验	直观感受卤化银的感光性，激发学生学习和探究的兴趣，光照强度等因素对卤化银光解速率的影响	生活情境（变色眼镜）	查阅文献、设计实验	无
6	AI辅助下的原电池改进探究	借助AI辅助，把教材锌铜原电池进行小型化、轻量化改进，引导学生由教材电池装置向真实电池靠拢，提供一种新的改进实验教学视角	实验探究情境	依据AI设计实验方案并实施	AI工具
7	基于课堂真实问题情境的"海带提碘"实验条件优化	教学方式创新	生活情境	查阅文献、设计方案	氧化还原传感器
8	基于色度传感器探究影响化学反应速率的因素	手持技术的应用能"看到"反应速率的变化，一体化＋系统性的创新实验装置，操作简单，现象明显，逻辑清晰	生活情境	小组活动：设计方案并实施	色度传感器
9	探究影响化学反应速率和平衡移动的因素	仪器创新（一体化、微型等特点）	工业生产情境	设计方案并实施	数字化实验仪器、手机取色App

编号	主题	特点	情境	学生活动	新技术
10	以 Fe^{3+} 催化过氧化氢分解机理实验	找准学生痛点，试剂和仪器都是中学实验室里常规易得的，操作的过程并不复杂，很利于师生推广模仿	实验探究情境	项目式学习、设计方案并实施	pH 传感器
11	醋酸电离平衡随温度的变化	一次实验数据多次应用，数形结合进行具象化	实验探究情境	设计方案并实施	pH 计
12	影响弱电解质电离平衡的因素	"实时监控"平衡移动的全过程，使微观抽象的平衡移动过程变得直观、定量、可视化，提高了文献实验的重现性和成功率	生活情境（被蚊虫叮咬后如何处理？）	分组实验问卷调查	数字化传感器
13	基于传感技术的原电池教学改进	利用数字化实验探究仪捕捉宏观现象背后的微观本质；实验器材生活化且实验现象明显、密切联系生活	实验探究情境	合作探究	电压、电流、温度传感器
14	学生电镀实验条件优化和产物探究	设计反应器提高条件精准度，克服传统实验效率低、难以控制变量的不足	学术探索情境（实验中异常现象的探索）	设计方案—分组实施—评价—拓展	X 射线衍射仪
15	双液和纸色谱单液电解池实现"铜置换锌"反应的创新实验	操作简易、推广性强、快速（2 min 内）实现反应、产物为纯净"艺术品"	学术探索情境（铜能否置换出锌）	项目式学习	纸色谱单液电解池

续表

编号	主题	特点	情境	学生活动	新技术
16	电解原理的探究	改进的实验装置简便、环保、安全，一装置多用途。改进的指示剂颜色多变，帮助学生深刻理解电解原理。实验趣味性强，与生产、生活密切联系	学术探索情境	项目式学习	无
17	分子间作用力的比较实验	借助红外热像仪测温，设计简单、易操作的探究实验，直观、准确地将微观的分子间作用力的存在以及影响范德华力的因素转化为可测量的数据和图像，降低教学内容抽象性	实验探究情境	学生实施实验	红外热像仪
18	气相色谱法在羧酸性质教学中的应用	用量少、课堂快速完成、提高效率	生活情境（水果、花草的香味）	设计方案并优化	简易气相色谱技术
19	石油分馏	一是仪器改进，提高实验安全性和功能性；二是检测方法改进，使实验过程变得可视化、实验结果数字化，便于学生观察	生活情境	分组讨论、分析	红外热像仪

续表

编号	主题	特点	情境	学生活动	新技术
20	探秘静电纺纳米纤维空气过滤膜	实验制备：精简专业设备结构；可调节多个参数；可靠的安全防护；可制作多种纳米静电纺膜的通用设备；强化了教学上的可视性	实验探究情境	查找资料、设计方案并实施	扫描电子显微镜

一　高中化学实验教学设计的基本原则

（一）简约性与安全性相结合的原则

简约性与安全性相结合是指在高中化学实验教学设计中尽可能采用简单的实验装置、使用较少的实验步骤和实验药品、尽量避免使用有毒药品和具有一定危险性的实验操作、在较短的时间内完成实验。有毒药品如果必须要使用，应在所设计的化学实验方案中详细写明使用注意事项。

例如，本书第二章案例 18 "气相色谱法在羧酸性质教学中的应用"的实验中试剂用量较少，一次制备实验可进行多次检测，运用小型耐压试管取 3 mL 左右反应物即可快速在课堂上完成实验，可以减少课堂上乙酸乙酯制备的量与所需时间。

（二）科学性与可行性相结合的原则

科学性与可行性相结合是指在高中化学实验教学设计中实验原理、实验操作程序、实验方法必须与化学理论知识相一致，所运用的实验原理在实施时要切实可行，所选用的化学实验药品、仪器、设备和方法能够得到满足。

例如，本书第二章案例 10 "以 Fe^{3+} 催化过氧化氢分解机理为例的项目式学习"的实验中用 pH 传感器检测 pH 的变化，结合铁氰化钾溶液，完善了 Fe^{3+} 在过氧化氢分解为水和氧气过程的催化机理。

（三）系统性和整合性相结合的原则

系统性和整合性相结合是指在高中化学实验教学设计中，将实验目的、实验要求、实验原理、实验仪器和试剂、实验步骤、实验结果处理等实验方案要素同实验教学目的相结合，整体全盘考虑，研究各要素之间的关联，构建化学实验教学的系统结构，形成解决一类化学实验探究的一般思路，并且利用这一思路不断挑战更复杂、更真实的探究任务。

例如，本书第二章案例 12 "核心素养背景下高中化学数字化实验的设计与应用——以'影响弱电解质电离平衡的因素'为例"的实验教学目标紧扣课标、教材和学情，表述明确、具体，实验内容符合目标要求。通过实验探究影响醋酸电离平衡的因素，形成分析思路，初步建立分析水溶液平衡体系问题的思维模型；通过提出蚊虫叮咬后家庭处理方案、鉴别真假黑枸杞的活动，引导学生用所学知识解决生活实际问题，感受化学学科的价值，增强社会责任感。

（四）基础性和创新性相结合的原则

基础性和创新性相结合是指在高中化学实验教学设计中对具有代表性、典型性、普适性的基础实验内容进行模块化的综合、优化、浓缩和集成设计，引导学生围绕着其开展研究和讨论，将学习的具体思路牵引到一个新的领域，让学生有所发现、启发和收获。

例如，本书第二章案例 16 "项目式合作学习'电解原理的探究'"的实验中使用 U 形管、铁架台、橡胶塞、酒精灯、导线、石墨电极、注射器、铁丝、火柴、玻璃棒、量筒、烧杯、试管、胶头滴管等常见实验仪器及用品，完成了电解实验装置的改进实验、指示剂的改进实验、活性金属电极与溶液中离子放电能力比较实验、氯碱工业的模拟实验及电解系列拓展实验。

（五）微型性和直观性相结合的原则

微型性和直观性相结合是指在高中化学实验教学设计中尽可能设计实验现象直观、鲜明，实验设备装置简单且容易操作的微型化实验。

例如，本书第二章案例17"红外热像仪在化学实验中的应用——以'分子间作用力的比较实验'为例"的实验中利用红外热像仪直观、准确且动态地将分子间作用力这一抽象的概念转化为可测量的温度变化，使微观变化可视化。

（六）生活性和趣味性相结合的原则

生活性和趣味性相结合是指在高中化学实验教学设计中选用的实验仪器、实验药品、实验素材等贴近学生生活，丰富有趣，实验设计从生活实际出发，以学生生活经验为基础，围绕学生已有学科知识，促进学生化学知识与生活实际的融合。

例如，本书第二章案例1"84消毒液使用方法的探究"的实验中与学生探究了84消毒液与洁厕灵反应、84消毒液与医用酒精混合后的氧化性变化，解决了84消毒液使用的困扰，为日常生活中84消毒液的正确使用提供了依据。

 高中化学实验教学设计的基本步骤

（一）明确目标，重视素养落实

以实验为基础是化学学科的重要特征之一，化学实验对于发展学生的化学学科核心素养有着极为重要的作用。实验教学不仅要教给学生如何使用各种仪器设备，让学生学会实验的方法，还要让学生发现化学与生活密切相关，激发学生对化学的兴趣，通过实践真正认识到科学的本质，学会用实验去证明或推翻理论，发展创新性。在进行实验教学之前，教师首先深入挖掘实验内容，明确实验过程如何培养学生的素养，确定实验教学的目标。

（二）厘清原理，重视仪器创新

为了顺利开展实验教学，首先，需要厘清实验原理。实验原理是整个实验最核心的部分，只有弄清原理才能科学、合理地设计实验方案。其次，为整个实验过程中涉及的实验试剂、仪器等用品做好准备，尤其还要掌握涉及的实验仪器的基本操作、所有化学实验应注意的事项。特别是对于借助新仪器，如数字化传感器、红外热像仪等的很多创新实验，这样准备能对实验起到事半功倍的作用。最后，还要注意实验安全与绿色化问题，以保障实验顺利进行。

（三）创设情境，激发学习兴趣

实验教学的实施不是照方抓药，让学生按照实验步骤机械地操作一遍，这样会抹杀学生的学习兴趣，不利于思维能力和创新意识培养。教师在开展实验教学中，可以依据学情设计学习情境，以问题驱动激发学生主动思考和探究意识，才能提升学生核心能力、综合素养。设计有效问题进行教学，才能挖掘实验的多重价值。实验教学要从知识向素质转变，不仅要给学生提供最基本的知识，还应向学生展示获得知识的过程和方法，让学生经历和体验提出问题和解决问题的探究过程。化学知识与生活、社会、技术及环境间联系紧密。选取与学生当下实际生活、科学技术发展前沿联系紧密的化学实验教学的内容，不仅能激发学生的学习兴趣，也能引导学生理解所学知识的同时明白化学学科的社会价值。

（四）设计活动，突出学生主体

以往的化学实验教学中主要是学生根据教师指挥按部就班地操作，导致整个实验过程中缺乏趣味性，不利于培养学生的创新思维。高中化学实验活动的主体是学生，教师更多的是做好实验活动的设计和辅导，激发学生思考与实验行动。然而，高中化学实验学生难以独自完成，需要两人甚至多人配合进行，可以将学生分成小组，以小组为单位，根据出现的化学实验问题和学生之前的猜想或假设，让学生进行小组内部讨论，敲定化学实验设计方法，实施实验，进行分析总结。教师可做最后的评价者，也可在小组合作过程中做好引导和监督[①]。总之，实验教学只有通过学生真正参与实验过程，增强学生体验感，才能有效实现实验教学目标。

（五）融入评价，方式呈现多元

实验评价的目的是判断学生在整个学习过程中的进步情况。通过对结果的测定和判断，得出需要持续改进和强化的地方，促进整体的教学过程更加科学化。教师要使用多样的评估方式来评估学生的表现、进步和成就。除了以传统的实验报告、纸笔测试、实际操作考查外，还可以小组活动记录、学生作品展示、实验小论文等形式进行评价考查，或者以以上方式的组合进行考查。不同的评估方式将作为过程性评价工具贯穿整个实验教学[②]。

三 高中化学实验教学设计的基本策略

基于真实问题情境的创设，开展以化学实验为主的多种探究活动有益于发展化学学科核心素养。在具体实施过程中面临"多因素制约实验教学目标落实""实验教学设计重情境、轻实验""实验教学过程探究性不足""实验教学评价方式、内容单一"等困境，大多数研究者与一线化学教师尝试从教材基础实验的教学设计与过程优化和实验创新优化两个角度解决上述问题。

（一）高中化学教材基础实验教学设计与过程的优化

在进行高中化学教材基础实验教学的实践过程中，应充分考虑实验教学全过程，不同阶段遵循不同策略。

---

① 李瑜钰 .2019 人教版高中化学实验教学设计及应用研究 [D]. 南昌：江西师范大学，2020.
② 余欢欢，黄宇 . 国外中小学实验教学的经验和启示 [J]. 教育家，2023（01）：20-21.

在实验教学前，教师首先要明确本节课的实验教学目标、明晰实验教学内容，根据本节课实验教学的目标、内容、效果以及授课时间，考虑是否需要对教材实验进行改进与优化并设计实验教学方案。其中，实验探究各环节的开展与时间分配应该重点考虑。具体可以结合教材分析、学情分析以及本节课的重难点和实验形式综合考量。如果采用放映实验视频的形式，则需要在课前完成拍摄清晰完整的实验过程，制成实验视频；如果采用学生自主实验的形式，则需要在课前由教师完成预实验，确定药品用量和仪器选择，以保证实验效果。

在实验教学过程中，教师要先向学生明确实验目的，进而介绍设计实验的思路以及改进内容。其中，对实验方案、药品选择及用量、实验仪器选择和注意事项等的讨论是发散学生思维、培养学生科学探究素养的重要环节，教师应设计具体问题进行引导。播放视频或完成实验操作时，教师应注意实验观察方法的引导，同时通过精心设计的问题，启发学生思考宏观现象后的微观本质，发展学生证据推理的素养。

在实验教学结束后，教师要对本节课的教学效果进行评价和反思，包括实验方案的设计、实验过程的引导、教学流程的设计、重难点的突出与突破等。

具体而言，在针对不同类型实验进行实验教学时，可以根据高中化学知识的特点与实验知识体系之间的联系，结合不同教学策略，构建不同类型实验的教学设计思路。

1.性质类实验教学设计思路

性质类实验是以验证物质性质为目的而开展的一类化学教学实验，现行中学化学教科书中设计了大量性质类实验，以人教版为例，在必修第一册第二章"海水中的重要元素——钠和氯"、第三章"铁 金属材料"及必修第二册第五章"化工生产中的重要非金属元素"中较为集中。

教学时，可按图1-3的教学模型开展教学设计，以"结构决定性质"

学科基本观念统领教学，以"POE（Predict-Observe-Explain）"教学策略为手段，先依据物质结构、物质类别预测物质的性质，再设计实验观察、解释，以"观察"为核心，让学生在认知与现象间不断产生冲突，发展其核心素养，实现实验育人功能。同时，通过实验将金属及其化合物、非金属及其化合物等陈述性知识脉络进行串联和显化，以"教、学、评"一致性统领单元整体教学，实现知识关联的结构化。例如，本书第二章案例18"气相色谱法在羧酸性质教学中的应用"设计通过运用简易气相色谱技术，引导学生在课堂上完成实验，并结合实验现象，对生成物乙酸乙酯进行验证，实现课堂上对学生实验设计的即时反馈，为乙酸乙酯这类传统实验难于表征的物质找到直接证据，发展学生证据推理素养。

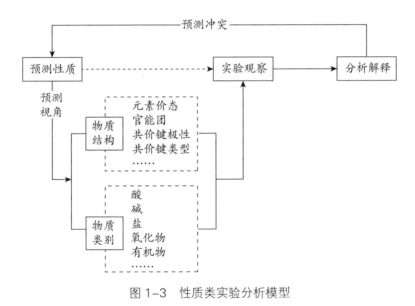

图1-3 性质类实验分析模型

2. 制备类实验教学设计思路

制备类实验是以制备目标物质为目的而开展的一类化学教学实验，课标中建议开展硫酸亚铁、氢氧化亚铁、氯气、氨气、乙酸乙酯和简单配合物等物质的制备。

教学时，可按图1-4所示物质制备类实验的一般设计思路进行设计。

首先依据待制备物的组成、性质，分析理论可行的制备方法，结合实际情况对比分析不同制备方法的优缺点，明确最终制备方法，根据制备方法明确反应条件、反应试剂和反应装置。其中制备方法的对比分析可以从速率、限度、选择性、原子利用率、原料的回收利用、反应条件等视角进行评估，反应装置则可从选择的原料状态、性质和反应条件等视角进行评估。制备完成后还可考虑利用产物的性质差异（化学性质以及熔沸点、溶解度等物理性质）进行分离与提纯。例如，本书第二章案例7"基于课堂真实问题情境的'海带提碘'实验条件优化"以三个学习任务为线索引导学生参与真实、完整的实验探究过程，通过对"海带提碘"实验条件的逐步优化，加深学生对过滤、萃取、分液等各种物质分离方法的理解，帮助学生建立真实复杂系统中物质富集、分离、提取的认知模型，让学生感受实验条件控制的思路与方法，进一步帮助学生理解在实际工业生产中条件调控的必要性，突出化学实验的功能与价值。

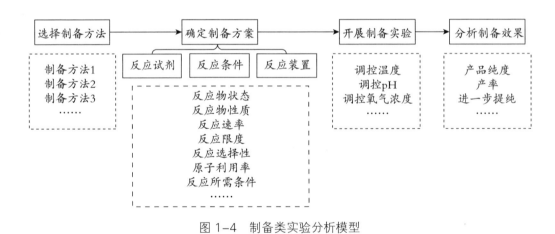

图 1-4 制备类实验分析模型

3.探究性实验教学设计思路

科学探究是进行科学解释和发现、创造和应用的科学实践活动，以科学探究为手段的实验称为探究性实验。性质类实验、制备类实验均可以科学探究手段进行，将实验改为探究性实验，有助于学生对基本概念的理解和学生认识思路的结构化。

　　探究性实验要大体涵盖科学探究的一般过程，设计核心在于从问题和假设出发确定探究目标，依据探究目标设计并实施实验方案，通过观察和实验等方法获取证据，基于证据进行分析推理及形成结论。起点就是确定探究问题，一个好的探究问题要具备探究价值，要有助于学生深度学习，要有助于学生认识科学探究的意义，要有助于学生体会合作交流的重要作用。探究性实验教学设计模型见图1-5。

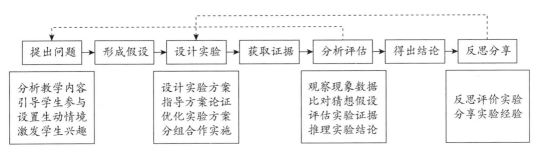

图1-5　探究性实验教学设计模型

　　例如，本书第二章案例10 "以 Fe^{3+} 催化过氧化氢分解机理为例的项目式学习"所示，以"催化剂是否参与了化学反应？催化剂如何改变化学反应的历程？"等有探究价值的问题，驱动探究实验开展，以反应原理为实验方案设计依据，逐步深入，由实验现象分析、完善反应机理，发展实验探究能力。

　　4. 课堂中难以操作的实验教学设计思路

　　并非所有实验都适宜在课堂中完成，有的实验存在实验危险、实验难操作、实验耗时长和实验现象不易观察等问题，我们称为不宜在课堂中操作的实验。综合评估后，可以借助信息化的教学手段，如虚拟仿真技术、手持技术、视频实验等方式开展。对某些因耗时过长、实验功能偏向丰富学生课内所学的实验，例如，本书第二章案例19 "石油分馏"、案例20 "探秘静电纺纳米纤维空气过滤膜"等，可以设置在课外科学探究活动中进行，有条件的教师可将实验情境与要求、实验注意事项等做成系列微课，结合具体探究活动进程，合理地运用于学生自主学习中。

（二）高中化学实验创新优化设计思路

实验教学过程中常出现实验现象不明显、操作复杂、实验存在污染、实验无法很好地解答疑惑等情况，因此在进行实验教学时有必要对部分实验进行创新优化。常见的优化方向有实验条件的优化以及实验装置的创新。

实验条件的控制能够直接决定反应的方向、速率、现象、成功与否和安全性。影响化学反应速率、限度及实验现象准确性的外界条件很多，常见的有反应物的浓度、反应物的纯度、反应物的用量比、反应物的接触面积、反应温度、反应体系压强、催化剂等。要改进和创新某些实验，保证实验成功，提高实验的教学质量，就必须针对影响实验成败的条件进行分析、探究，寻找出最佳实验条件[①]。例如，本书第二章案例 12 "核心素养背景下高中化学数字化实验的设计与应用——以'影响弱电解质电离平衡的因素'为例"所示，该案例利用数字化传感器，能帮助学生"看到"反应速率的变化，"实时监控"平衡移动的全过程，使微观抽象的平衡移动过程变得直观、定量、可视化提高了文献实验的重现性和成功率。

实验装置的创新主要涉及三个角度，分别是常见实验装置的改进、日常生活用品的使用以及数字化仪器的使用。例如，本书第二章案例 9 "数字化探究影响化学反应速率和平衡移动的因素系列实验"对实验装置进行一体化、微型化改进，使操作简化、节约药品。此外，一套装置多个系列实验，具有实验推广性。集定性、定量、图像探究于一身，满足不同学校不同实验条件的不同需求。一般而言，实验装置的创新遵循以下策略：

1. 简约化策略

这种策略就是简化某些常规实验装置。在不影响实验效果的前提下，

---

① 王春 . 中学化学创新实验设计与案例研究 [M]. 北京：北京教育出版社，2020：23.

尽量采用仪器设备少、用药少、装置简单或微型的实验装置[①]。例如，本书第二章案例 15 "如何实现铜置换锌——双液和纸色谱单液电解池实现'铜置换锌'反应的创新实验课"中操作简单，药品用量较少，反应快、2 min内就可完成，且产物纯净且充满艺术，具有很强的推广性。

2. 绿色化策略

这种策略是从环境保护的角度，倡导绿色化实验，对一些实验过程中产生有害气体且污染环境的实验装置进行改进与创新。这类实验装置的改进与创新，主要是设计封闭的实验装置，包括气体发生装置、气体收集装置、气体性质验证装置、尾气的收集和处理装置、导气装置等。例如，本书第二章案例 1 "84 消毒液使用方法的探究"的实验装置材料来源于生活中的废弃材料，实验过程环保。

3. 集约化策略

这种策略就是把有联系的若干个实验通过某种形式联系、集合在一起。这种集约化不是简单地将若干实验连接，而是在原有基础上将实验装置有机组合，使实验既便于操作又便于观察，且实验效果好。这种集约化的结果，不仅可以帮助学生将有关的知识、技能联系在一起，即知识、技能的结构化，而且还有利于减少试剂的消耗和对环境的污染。例如，本书第二章案例 8 "基于色度传感器探究影响化学反应速率的因素"中的一体化 +系统性的创新实验装置，用同一套实验装置、同一批实验药品就可以解决，操作简单，现象明显，逻辑清晰。

① 王春 . 中学化学创新实验设计与案例研究 [M]. 北京：北京教育出版社，2020：13.

第 二 章

实验教学创新案例

案例 1　84 消毒液使用方法的探究

云南省安宁中学大平学校　蒋婷婷

 使用教材

人民教育出版社，普通高中教科书·化学必修第一册，第二章海水中的重要元素——钠和氯，第二节氯及其化合物。

 实验器材

150 mL 平底三颈烧瓶、60 mL 注射器（4 支）、磁力搅拌器、磁子、氧化还原传感器、数据采集器、数字化实验配套软件、电脑、84 消毒液、洁厕灵、75% 医用酒精、2 mol/L 氢氧化钠溶液、淀粉碘化钾溶液、品红溶液。

三 **实验创新要点**

1. 实验情境来源于生活中的真实问题，引导学生关注与化学有关的社会热点问题，用已有知识解决问题，落实科学精神及社会责任感的核心素养，具有实际意义。

2. 探究 84 消毒液与洁厕灵反应的实验装置材料来源生活化（外卖打包盒、折纸、注射器、塑料杯），装置简约化，绿色环保，现象明显，趣味性强，极大地调动了学生的探究积极性。

3. 84 消毒液与医用酒精混合实验中，三颈烧瓶方便添加试剂，注射器可平衡容器内压强，同时收集可能产生的有毒气体，安全环保；同时，利用磁力搅拌器使溶液保持充分混合，数据更加真实可靠。

4. 将数字化传感器引入教学，迅速捕捉反应过程中的微观信息，让抽象的氧化性可视化，数据更具说服力。

四 实验原理

84 消毒液是日常生活中常用的消毒剂，其有效成分是次氯酸钠，其消毒的实质是强氧化性，而家用洁厕灵的主要成分是盐酸，当二者混合后会发生氧化还原反应，产生氯气，对人体造成损伤。反应的离子方程式如下：$ClO^- + Cl^- + 2H^+ =\!\!= Cl_2\uparrow + H_2O$。医用酒精为 75% 的乙醇溶液，具有一定还原性，当与 84 消毒液混合后，会被氧化，导致二者的消毒能力均下降。

在实验过程中，84 消毒液与洁厕灵的反应采用生活化装置进行，以安全环保、节约药品为原则。用品红溶液及淀粉碘化钾溶液检验氯气的产生，氯气溶于水产生的次氯酸具有漂白性，可使品红溶液褪色：$Cl_2 + H_2O =\!\!= HCl + HClO$。

氯气可把碘离子氧化为碘单质，碘单质可使淀粉显蓝色：$Cl_2 + 2I^- =\!\!= I_2 + 2Cl^-$。

84 消毒液与医用酒精混合，可用氧化还原电位表征溶液氧化性变化情况，捕捉微观信息。

五 实验教学目标

1. 通过 84 消毒液与洁厕灵反应的宏观实验现象，结合含氯化合物的相关性质，微观探析离子反应的发生及其机理，建立现象与本质、宏观与微观之间的联系，发展学生宏观辨识与微观探析核心素养。

2.通过实验的探究验证活动，培养学生基于证据进行分析推理的能力，从问题出发，设计探究方案，创造性地改进实验装置，培养学生的科学探究能力及创新意识。

3.从真实的生活情境中出发，体会到化学对社会所做的贡献，培养学生敢于质疑、严谨求实的科学态度及绿色化学观念，培养学生的科学精神和社会责任感。

4.通过数字化实验探究的方式，体会数字化实验仪器在化学实验探究中起到的重要作用，并学会用数字化仪器解决化学实验问题。

六 实验教学内容

本节课是基于真实生活情境的问题探究，采用"提出问题—设计实验—合作探究—讲述与演示"的方式展开教学，是一个从情境出发、教师引导的递进式的实验装置改进与演示相结合的教学过程。

七 实验教学过程

环节一：情境引入

网络上关于84消毒液的使用存在各种说法，在收集资料、浏览新闻后，教师组织学生进行讨论，学生提出了两个最想探究的问题。

1.84消毒液和洁厕灵混用，真的会产生氯气吗？

2.84消毒液和医用酒精混用，消毒效果会增强吗？

带着问题，进入环节二。

环节二：实验探究

1.84消毒液与洁厕灵反应

关于实验装置的设计，学生一致认为应该在密闭容器中进行反应，经过递进式实验装置的改进，学生设计出了如下的反应装置（见图1）。最终选择用漂亮的"花圃"进行实验，外卖打包盒营造密闭环境，安全环保；"花圃"中央用塑料杯装入84消毒液，使用注射器注入洁厕灵，节约药品；实验装置材料来源于生活，使用更加便捷。学生在纸制的樱花上滴加淀粉碘化钾溶液、品红溶液，并通过投屏将实验现象实时上传共享。宏观实验现象非常明显，趣味性强，极大地调动了同学们的探究积极性。为什么会发生反应呢？教师引导学生结合氧化还原反应的相关知识，从微观角度写出离子发生反应的机理。

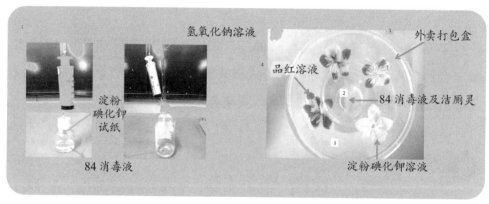

图1 递进式改进实验装置图

通过实验，解决了学生的困惑之一。在生活中，医用酒精也是常用的消毒剂，84消毒液与医用酒精混合又会如何呢？消毒效果会增强吗？由此，带领学生进入下一个实验探究。

2.84消毒液与医用酒精混合

学生已经知道，84消毒液消毒的实质是利用物质的强氧化性，而氧化性的强弱用宏观实验现象不好衡量。教师带领学生查阅资料之后，发现反映溶液氧化性强弱最直观的参数就是氧化还原电位，可以利用氧化还原传感器（见图 2）来测定 84 消毒液与医用酒精混合后的氧化性变化。

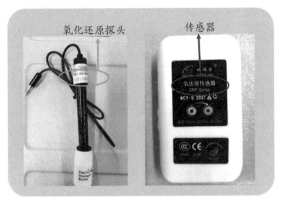

图 2 氧化还原探头及传感器

据此，设计了如图 3 所示的实验装置。用三颈烧瓶进行实验，胶塞密封，使用注射器加入 84 消毒液及医用酒精，同时平衡压强并收集可能产生的有毒气体，避免造成污染，将氧化还原探头伸入溶液中，传感器与电脑连接采集数据，磁力搅拌器用于溶液混合均匀。

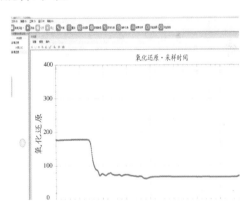

图 3 84 消毒液与酒精反应实验装置图   图 4 氧化还原电位图

学生通过观察实验得出结论：从氧化还原电位图（见图 4）中可以明显看出，当加入医用酒精时，溶液的氧化性迅速降低，酒精被 84 消毒液氧化，两者的消毒能力都降低，说明在日常生活中两者不能混用。

至此，通过实验解决了困扰学生的问题，也为日常生活中 84 消毒液的正确使用提供了依据。回到生活情境，教师还给学生布置了课外探究任务，以小组为单位，查阅相关资料，以家庭常用消毒液的正确使用为主题，制作手抄报，并粘贴于教室，供学生学习。

八 实验效果评价

实验采用"提出问题—设计实验—合作探究—讲述与演示"的方法进行探究，理论和实验验证相结合，宏观现象与微观辨析相结合，培养了学生的探究精神及创新意识。探究84消毒液与洁厕灵反应的实验装置生活化、简约化、绿色环保、现象明显，具有推广性。数字化传感器引入教学，迅速捕捉反应过程中的微观信息，使数据更具说服力。但由于数字化传感器数量的限制，存在无法让学生均动手参与实验等问题。

点评

本节实验课是基于真实生活情境的问题探究，实验用品生活化，源于生活，高于生活。采用"提出问题—设计实验—合作探究—讲述与演示"的方式展开教学，实验装置具有创新性、实用性、可推广性。

具体亮点和建议如下：

1. 亮点

（1）实验教学目标紧紧围绕学科核心素养，如"宏观辨识与微观探析""科学探究与创新意识""科学态度与社会责任"等方面，并且在实验教学过程中很好地达成了既定目标。

（2）问题起源于当下的真实生活情境，能够激发学生的探究热情，培养只要善于思考，生活中处处有"问题"的思维品质。

（3）引入大学课程中的"电位"概念，并以此进行实验探究，给学生正确、科学的导向，在探究中不拘泥于现有装置以及理论知识，甚至可跨学科思考，寻找突破点，给学生提供新的思考维度。

（4）学生能够在实验过程中提出新问题，并解决新问题，课堂真正让学生有了获得感。课堂还有课后延伸的探究任务，有助于学生加深对相关知识和实验原理的理解。

2. 建议

（1）在案例撰写上可以进一步完善，例如，可在实验原理处增加氧化还原传感器应用原理，还可加强学生实验活动的详细描写，如学生设计实验方案、讨论并实施的过程等。

（2）84消毒液与医用酒精混合使用的实验探究方案较多，如可用氯离子传感器测量混合液中氯离子的变化等探究两者混合后的反应过程。可尝试以此实验探究为背景，综合各种探究方案，整合为项目式探究的综合过程。使教学过程更加丰富，综合性更强，同时也更能凸显不同学生提出的问题和对实验方案的探讨、改进与评价过程。

案例2 过氧化钠与水反应的异常现象及反应历程探究

石家庄市第一中学 胡策策 焦利燕 王嘉

一 使用教材

人民教育出版社，普通高中教科书·化学必修第一册，第二章海水中的重要元素——钠和氯，第一节钠及其化合物。

二 实验器材

试管、滴管、三颈烧瓶、分液漏斗、酒精灯、数字化技术装备、集热式恒温磁力搅拌器、过氧化钠、蒸馏水、酚酞溶液、氢氧化钠溶液、盐酸、木条。

三 实验创新要点

根据《课程标准》的要求，结合本节课的内容，设置两个科学探究，即褪色异常现象探究和初始大量气泡探究。

其实验创新要点为：

1.两个科学探究问题均来自真实教学过程中的异常现象，在探究过程中突出科学探究的重要性，帮助学生构建科学探究的思维模型。

2. 利用常规试管实验定性解决探究问题，锻炼学生逻辑思维。常规试管实验无法满足实验需求时，引入数字化实验设备，将实验由定性分析转为定量分析，宏观现象与微观数据相结合，精准探究实验问题。

3. 利用数字化技术设备，探析微观反应历程，认识 Na_2O_2 与 H_2O 反应的本质。

四　实验原理

1. $2Na_2O_2 + 2H_2O = 4NaOH + O_2 \uparrow$

2. （1）$Na_2O_2 + 2H_2O = H_2O_2 + 2NaOH$　　（2）$2H_2O_2 = 2H_2O + O_2 \uparrow$

五　实验教学目标

1. 通过对 Na_2O_2 与 H_2O 反应异常现象的发现，引导学生探析微观反应历程。

2. 通过对 Na_2O_2 与 H_2O 反应的探究及异常现象的论证，熟悉科学探究的一般步骤，培养学生的证据意识。

3. 在解释 Na_2O_2 与 H_2O 反应异常现象的过程中，建立认知模型，揭示现象背后的本质和规律。

4. 通过对 Na_2O_2 与 H_2O 反应的探究实验方案的交流与点评，诊断并发展学生实验探究的水平。

5. 通过对 Na_2O_2 与 H_2O 反应的判断和分析，诊断并发展学生对氧化还原反应本质和化学能量变化的认识水平。

六 实验教学内容

通过向 Na_2O_2 与 H_2O 反应后溶液滴加酚酞，溶液变红后又立刻褪色的异常现象展开探究，进行实验猜想与验证，对产生异常现象的原因进行合理解释。根据《课程标准》的要求，结合本节课的内容，设置两个科学探究：1.褪色异常现象探究；2.初始大量气泡探究。

七 实验教学过程

1.褪色异常现象探究

（1）发现问题。

在探究过氧化钠性质的教学中，学生利用带火星的木条验证了过氧化钠与水反应的产物 O_2；在验证另一种产物 NaOH 时，向反应后的溶液中滴加酚酞，溶液变红，可证明有 NaOH 生成，但同时出现了一个异常现象：溶液变红后又立刻褪色（见图 1）。

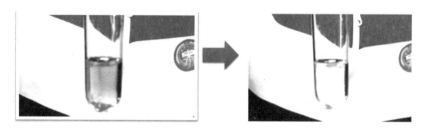

图 1　溶液变红后又褪色

这一异常现象引发了学生们强烈的探究兴趣：为何向 Na_2O_2 与 H_2O 反应后的溶液中滴加酚酞，溶液先变红后褪色？以此作为探究问题，与学生共同进行科学探究。

（2）提出猜想。

学生小组讨论，认为是实验产物或中间产物使溶液褪色，提出了 3 种猜想：Ⅰ.O_2的原因；Ⅱ.NaOH的原因；Ⅲ.H_2O_2的原因（见图2）。

实验问题	为何向Na_2O_2与H_2O反应后溶液中滴加酚酞先变红后褪色？
实验猜想	Ⅰ. 生成的O_2可能使溶液褪色 Ⅱ. 生成的NaOH可能使溶液褪色 Ⅲ. 可能生成中间产物H_2O_2，使溶液褪色 ……

图2　学生针对褪色问题的猜想

（3）查阅资料、设计方案、实验探究。

针对猜想Ⅰ，学生设计实验方案，向滴加酚酞的NaOH溶液中通入O_2，溶液未褪色，因此猜想Ⅰ不成立。

针对猜想Ⅱ，学生之前只知道NaOH溶液可使酚酞变红，但进一步查阅资料可知，浓NaOH溶液可以使溶液褪色，因此，教师将此信息以资料卡片的形式展示给学生。学生设计实验方案，向浓NaOH溶液中滴加酚酞，溶液先变红后褪色，猜想Ⅱ成立。

针对猜想Ⅲ，通过查阅资料，学生了解了H_2O_2的强氧化性能破坏有机色素结构，具有漂白性。学生设计实验方案，向滴加酚酞的NaOH溶液中滴加H_2O_2，溶液褪色，猜想Ⅲ同样成立。

至此，学生们对褪色问题提出的猜想Ⅱ和猜想Ⅲ均成立，学生们进一步提出疑问，具体是哪一种物质起主要作用呢？

学生们小组讨论，两个小组分别提出了两种实验方案验证，方案1：向Na_2O_2与H_2O反应后的溶液中滴加盐酸，将溶液调至pH=10，再滴加酚酞。此方案学生们更多地关注浓NaOH的褪色机理，通过调节pH，排除浓NaOH的影响。方案2：向Na_2O_2与H_2O反应后的溶液中滴加酚酞，溶液褪色后，再滴加盐酸至过量，此方案学生们更多地关注H_2O_2的褪色机理，H_2O_2具有漂白性，导致溶液褪色，溶液不可恢复红色。方案1的实验现象：滴加酚酞后，溶液仍先变红后褪色；方案2的实验现象：溶液始终不恢复红色。

（4）得出结论。

至此，学生得出结论：导致 Na_2O_2 与 H_2O 反应后向溶液中滴加酚酞变红后褪色的主要原因是中间产物 H_2O_2。

2. 初始大量气泡探究

（1）发现问题。

成功得出中间产物 H_2O_2 是褪色的主要原因后，有同学针对反应历程提出疑问：Na_2O_2 与 H_2O 反应的历程分为两步，为何反应初始仍然立刻有大量气泡产生？以初中学生对于 H_2O_2 的认识，在未加催化剂的条件下，H_2O_2 不会如此快速分解。

（2）提出猜想。

以此作为探究问题，与学生一同进行科学探究。学生们小组讨论，提出了两种可能的猜想：Ⅰ.温度的影响，Ⅱ.强碱性环境的影响（见图3）。

实验问题	为何 Na_2O_2 与 H_2O 反应分两步，仍然立刻有大量气泡产生？
实验猜想	Ⅰ. 反应放热 温度升高 促进 H_2O_2 分解
	Ⅱ. 产物 NaOH 使体系呈现 强碱性 促进 H_2O_2 分解
	Ⅲ.
	……

图3　学生对于初始大量气泡产生的原因的猜想

由于开始产生气泡速率过快，无法通过肉眼辨识气泡的产生速率，也就无法判断 H_2O_2 的分解情况。此时，常规试管实验已无法满足学生对于反应历程的探究，教师介绍实验室的数字化实验设备，引导学生利用数字化实验设备，由之前的定性实验现象转为定量实验验证。

针对猜想，教师与学生一同设计方案，组装装置。利用集热式恒温磁力搅拌器控制反应温度，此装置为三颈烧瓶，瓶内加入磁子和过氧化钠，一口连接分液漏斗，其中加入水（或酸），一口用橡胶塞塞住，中间一口连接 O_2 传感器，连接电脑软件，测定氧气含量变化。控制水浴温度28℃，点开软件，开始测量体系内氧气含量变化，打开分液漏斗，使水（或酸）流下，与过氧化钠反应，关闭分液漏斗。

对于猜想 I，此时控制的变量为温度，水浴分别为 9℃、28℃和 50℃，最终氧气含量分别为 38.9%、43.9% 和 47.4%。由此学生得出结论：温度升高促进了 Na_2O_2 与 H_2O 反应产生的 H_2O_2 分解。

对于猜想 II，此时控制的变量为溶液的 pH，由于 Na_2O_2 与 H_2O 反应使体系呈现强碱性，因此学生通过加酸的方式改变溶液中的氢离子浓度，即向装置内分别加入 20 mL H_2O、20 mL 0.1 mol/L 盐酸和 20 mL 1 mol/L 盐酸，最终氧气含量分别为 43.9%、40.6% 和 38.6%。由此学生得出结论：强碱性的环境促进了 Na_2O_2 与 H_2O 反应产生的 H_2O_2 分解。

综上实验，学生明确 Na_2O_2 与 H_2O 反应放出大量热，使体系温度升高，产物 NaOH 使体系呈现强碱性，两者共同促进 H_2O_2 的快速分解。通过查阅无机化学课本，确定了 Na_2O_2 与 H_2O 反应的两步反应历程。

八　实验效果评价

本节实验课通过两个科学探究的设置，帮助学生构建科学探究的思维模型，熟悉科学探究步骤，培养证据意识；将宏观现象与微观数据相结合，从定性到定量进行分析，培养学生的宏观辨识与微观探析核心素养；探究知识的本原，明确反应历程，揭示现象的本质和规律。

点评

在本实验教学过程中，对于出现的异常现象，不以教师的讲来代替学生的实验实践，不以教师的分析代替学生的探究，而是充分调动学生主动思考、发现并探究问题，设计有创新性，值得借鉴。

具体亮点和建议如下：

1. 亮点

（1）本实验案例通过常规试管实验、借助数字化设备氧气传感器，探究了 Na_2O_2 与 H_2O 反应的微观反应历程。紧抓基本化学实验教学，让事实点燃探究，在探究活动中由异常现象引发问题，引导学生探究其原因，形成强烈的探究意识。

（2）实验方案设计充分体现学科特征，学习研究物质性质，探究反应规律，体会实验条件控制对完成科学实验及探究活动的作用。该实验教学设计方案以学生为中心，在构建学生定性实验认知的基础上，进行定量的一体化实验探究，培养学生识图能力和观察分析图像的能力；学生由定性的实验现象，到定量图像分析，层层递进，有效促进学生认知的发展和学科核心素养的落实。

（3）从教学过程的呈现上看，该实验教学注重从教师为主导的启发式和探究式教学，以学生为主体的控制变量意识的培养，语言表达清晰，有实验反思、学生积极参与实验设计，并针对具体的实验主动思考、提出新的问题，为推动学生创新思维发展奠定良好的基础。

2. 建议

（1）本实验教学的重点在于 Na_2O_2 与 H_2O 反应异常现象的探究，难点在于探究过程中对异常现象的分析，建议在褪色异常现象探究实验中可增加猜想原因的说明，并展示相关实验现象的图片，让案例呈现更加完整。教学实践过程中教师要做好学生观察实验异常现象问题的引导，关注学生对实验现象的描述和微观历程的分析是否正确。

（2）结合实际学情，教师还可以通过指导学生自主查阅文献资料，个人阅读、小组讨论后设计相关实验方案，探究并合理分析产生异常现象的原因，从而得出反应历程，这样能更好地让学生体会到科学探究的一般过程。

案例3　数码成像比色法测定补血剂中铁元素含量的实验研究

黑龙江省实验中学　韩晶晶

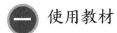 一　使用教材

人民教育出版社，普通高中教科书·化学必修第一册，第三章铁　金属材料，第二节金属材料。

二　实验器材

智能手机一部、20 mL 比色管 7 支、试管架 1 个、托盘天平 1 台、100 mL 容量瓶 1 个、胶头滴管 1 支、玻璃棒 1 支、研钵、药匙、电脑、补血剂（健脾补血颗粒）、浓硝酸、0.001 mol/L Fe（NO₃）₃溶液、饱和硫氰化钾溶液、活性炭、蒸馏水。

三　实验创新要点

1.问题的提出

对于此课题的深入思考，来源于真实的课堂，教师以"探秘补血剂中的'铁'"为例，对基于真实情境开展的"问题化学习"的课堂进行实践，以一张补血剂说明书为情境，学生在阅读中生成学科问题，并在问题的驱

动下，在课上自主探究。

现有的研究中，高中化学教学对铁离子的研究仅限于定性分析，学生们关注到补血剂中铁含量的问题，促使教师不能仅仅停留在定性分析的层面上，如何定量分析成为探究的主要课题，本次实验主题也由此而生。

2. 现有方法的局限性

学生在课堂上给出了方案——沉淀灼烧法。但也通过课下实验发现了不足。

鲁科版选修 6 教材《化学实验》也收入"使用目测比色法测定补铁剂中铁含量"实验，该方法是一种半定量实验方法，配制等浓度梯度的硫氰化铁标准溶液，目测待测液的颜色范围，从而确定待测液的浓度范围。那么如何更加准确地测定待测液的浓度呢？学生们给出了他们的想法并给予了评价，由此可见，该方法也有一定的局限性。那么如何克服由人眼的误差而带来的实验误差呢？

3. 研究基础与创新要点

随着科技的发展，智能手机随处可见，其中基于数码成像的拍照功能使物质清晰可辨，数码成像比色法是一种定量测定方法，利用镜头代替人眼分辨色阶，进而较为准确地测定物质浓度。

四 实验原理

将获得的待测液灰度值与等浓度的标准液灰度值进行比对，依据标准曲线求其浓度。

五 实验教学目标

1. 学生通过该实验掌握铁离子与亚铁离子之间的转化，能够检验铁离子。

2. 在合作、讨论、实验的过程中提高学生合作探究的意识，形成严谨的科学态度。

3. 在形成"数码成像比色法测定补血剂中铁元素含量的方法"过程中建立宏观颜色与微观粒子浓度之间的联系，提高创新意识，并将该实验方法延伸至生活中，感受科学对人类社会发展的影响和公民对社会的责任。

六　实验教学内容

配制不同浓度的硫氰化铁标准溶液，制作拟合铁离子浓度与灰度值的标准曲线，探究不同浓度的硝酸对硫氰根离子的氧化程度。

七　实验教学过程

表 1　标准溶液的配制

比色管编号	硝酸铁溶液体积 /mL	蒸馏水体积 /mL	标准溶液浓度 /(mol·L^{-1})
1	20	0	0.001
2	16	4	0.0008
3	12	8	0.0006
4	8	12	0.0004
5	4	16	0.0002
6	2	18	0.0001

1. 标准溶液的配制

分别标记 6 支 20 mL 洁净、干燥的试管，按照表 1 所示配置不同浓度的 $Fe(NO_3)_3$ 溶液，再分别滴加 5 滴饱和 KSCN 溶液，充分混合，即得到浓度分别为 0.001 mol/L、0.0008 mol/L、0.0006 mol/L、0.0004 mol/L、0.0002 mol/L、0.0001 mol/L 的硫氰化铁标准溶液，将六支试管依次并排放在试管架上（见图 1）。选取合适光照条件，直接用手机对六个标准样品进行拍照。

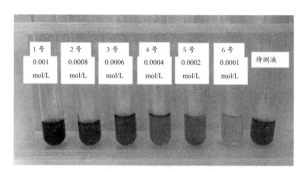

图 1　等浓度梯度的 Fe(SCN)$_3$ 标准液与待测液

2. 补血剂的处理

（1）补血片若干，研磨，用电子天平称量 0.5 g，倒入烧杯中，加入 10 mL 浓硝酸溶解，加入活性炭吸附，防止药品的颜色对实验的干扰。搅拌后将溶液转移至 100 mL 的容量瓶中定容。

（2）取 20 mL 此溶液放入 1 支洁净、干燥的试管中，在溶液中加入 5 滴饱和 KSCN 溶液，充分摇匀混合。

（3）将标准液 6 支试管与待测液试管放在试管架上，选取合适的光照条件直接用手机进行拍摄。

3. 图片处理

本步骤我们用到两个软件，Photoshop 和 Excel。以标准溶液的图片为例，演示如何用 Photoshop 对图片进行灰度处理及用 Excel 绘制标准曲线。

（1）向 Photoshop 软件中导入图片：文件—打开—选取实验图片。图像—模式—灰度，在是否要扔掉颜色的对话框点击扔掉。最后点击吸管工具，选取图片中颜色均匀的地方，点击工具栏最下方的颜色图表，出现图片的灰度值。

（2）绘制标准曲线：将上一步过程中得到的灰度值数据导入 Excel，并拟合出其回归方程，如图 2 所示：

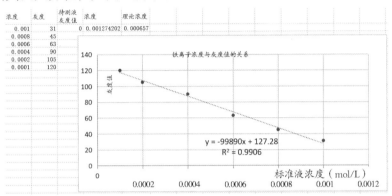

图 2 利用 Excel 拟合铁离子浓度与灰度值的标准曲线

在此对话框内输入回归方程，即可实现在相应位置输入待测液灰度值，就可直接计算其浓度，返回 Photoshop 界面，灰度值为 64，与补血剂中所标注的理论值相差不大。

4. 数据处理与问题探究

SCN^- 易被氧化的问题：补铁剂中一般都加入了维生素 C 等还原剂，故补铁剂中的铁一般以亚铁离子的形式存在，本实验选取了浓硝酸将亚铁离子完全氧化成三价铁离子，浓硝酸（约为 12 mol/L）也会氧化 SCN^-，但在待测样品定容的过程中，加入蒸馏水会稀释溶液（约为 0.3 mol/L），该过程中硫氰根离子会被氧化吗？

取三支洁净的试管进行标记，向 1、2、3 号试管加入试剂如图 3 所示，肉眼观察到 1、2 号试管中溶液颜色相同，3 号试管中溶液几乎不呈红色。可初步得出结论：3 号试管内硫氰根离子已经被浓硝酸氧化得较为彻底。1、2 号试管中的硫氰根离子是否真的没有被氧化？本实验又做了如下探究。

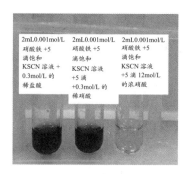

图 3　不同浓度的硝酸对硫氰根离子氧化程度的探究（溶液的配制）

通过图片与数据处理，1 号试管中溶液颜色的灰度值为 54，2 号试管中溶液颜色的灰度值为 53。经过换算，其硫氰化铁的浓度分别为 0.000733607 mol/L 和 0.000743618 mol/L，相对偏差仅为 1%。可以得出结论：硫氰根离子在 0.3 mol/L 的硝酸溶液中不被氧化。此外，还可以利用该方法对不同浓度的硝酸对硫氰根离子的氧化程度进行后续探究。

八　实验效果评价

本实验使用手机数码比色法测定补血剂中铁元素的含量，与传统目测比色法相比，克服了肉眼对颜色的分辨率的误差，极大地提高了分析结果的精确度，增强了学生对数据精准性的认识，有利于学生定量分析思维的训练。与大型仪器相比，基于数码成像的实验方法方便迅速、操作简洁、成本低廉，可广泛应用于高中化学实验教学中。

点评

本实验源于真实情境（补铁剂）而开展的"问题化学习"的课堂实践，在问题驱动下引领学生从定性研究上升到定量研究，培养了学生严谨的科学态度，也让学生感受到科学对社会发展的影响，进而提升学生的社会责任感。

具体亮点和建议如下：

1. 亮点

（1）使用手机数码成像比色法，简单方便、成本低。

（2）教学过程取材于补血剂这个真实情境，能够激发学生的探究欲及学习兴趣。真实情境也更能够激发学生的想象力，同时也让探究变得更有意义。

（3）利用对照实验，能够得到科学可靠的实验结果。

（4）与目视比色法相比，数码成像比色法消除了主观误差。提高了测量的精确度，同时也培养了学生实事求是、严谨细致的科学态度。

2. 建议

（1）学生的想象力和创造力是无限的，教学设计应展示给读者的内容还应该包含学生是如何完成实验设计过程的，以及学生在实验设计过程中有何收获，实验探究中每一个新问题的提出及解决办法，利用了哪些方法或手段，如文献查阅等。

（2）在数据处理与探究环节中，关于浓硝酸是否能将 SCN^- 氧化，以及氧化过后对本实验有什么影响，可以放在本节教学设计的前面，排除 SCN^- 的干扰过后再用此方法来测定补血剂中铁元素的含量。

（3）标准液和待测液可以拍在同一张照片中进行对比，这样可避免因曝光、光照等条件不同导致的误差。

案例 4　混合碱中碳酸氢钠百分含量测定

黑龙江省大庆市实验中学　孔莹莹

 使用教材

人民教育出版社，普通高中教科书·化学必修第一册，第二章海水中的重要元素——钠和氯，第一节钠及其化合物。

 实验器材

pH 传感器、温度传感器、CO_2 传感器、浊度传感器、三颈烧瓶、磁力搅拌器、铁架台、试管、0.2 mol/L $CaCl_2$ 溶液、0.2 mol/L $NaHCO_3$ 溶液。

三 实验创新要点

1.教学模式创新

以解决真实问题"混合碱中碳酸氢钠百分含量测定"为内容，采取项目化学习的模式，学生可以用所学的知识，发散思维，创造性地解决问题。将理论与实践结合，在强化知识体系的同时，思维得到锻炼，培养学科素养。

2.实验研究方法创新

（1）探究 Ca^{2+} 和 HCO_3^- 反应时，运用了 pH 传感器、温度传感器、CO_2 传感器进行综合表征，将微观过程可视化、形象化，帮助学生分析、理解

Ca^{2+} 和 HCO_3^- 反应的原理。

（2）研究低浓度 Ca^{2+} 和 HCO_3^- 反应时，借助浊度传感器，突破人眼观察的局限。浊度的变化体现出沉淀的不断生成，帮助学生更好地理解较低浓度的 Ca^{2+} 和 HCO_3^- 相遇时，反应速率慢，沉淀量少，积累到一定程度后，肉眼方可观察到。

（3）不仅从实验实践角度进行研究，又从理论角度进行计算，多方位、多角度帮助学生理解，在原有认知基础上进行拓展和延伸。

四 实验原理

1. 用 pH 传感器测定混合溶液的酸碱度，体现 HCO_3^- 的电离过程；用温度传感器测定混合溶液的温度变化，排除温度对反应的影响；用 CO_2 传感器测定混合溶液中 CO_2 含量变化，体现 H^+ 与 HCO_3^- 的结合。将微观过程可视化，帮学生体会 HCO_3^- 电离出 CO_3^{2-}，Ca^{2+} 和 CO_3^{2-} 结合生成 $CaCO_3$ 沉淀，电离出的 H^+ 与 HCO_3^- 结合，生成 CO_2 气体，所以观察到白色沉淀和气泡。

2. 浊度传感器能测量溶液对光的阻碍程度，阻碍程度越大，说明溶液中的悬浮物越多。虽然人眼观察不到明显的浑浊，但浊度值的变化，直观体现出反应的真实发生。

五 实验教学目标

1. 夯实碳酸钠与碳酸氢钠的基础知识，强化知识体系，能够在头脑的知识网络中，按需索取。

2. 学生组装仪器的过程中，对基础仪器的用途进一步认识，并能利用已有仪器自己组装有特殊功能的仪器。

3. 学生在实践中自己总结、构建典型定量实验方法模型（差量法、体积法、沉淀法等），在以后定量测定中可以灵活应用，举一反三。

4. 探究金属离子与碳酸氢根离子反应的过程，把新的认知和原有的认知的矛盾进行同化、提升。

5. 在实践中能运用化学思维，将"学"与"用"有机整合在一起，习惯性地运用已储备的知识去解决问题，体会化学学科在生产生活中的应用。

（六）实验教学内容

1. 学生利用自己已有的知识设计实验方案、进行实验，解决"混合碱中碳酸氢钠百分含量测定"问题。

2. 解决项目实施过程中的问题：探究 Ca^{2+} 和 HCO_3^- 反应的原理。

（七）实验教学过程

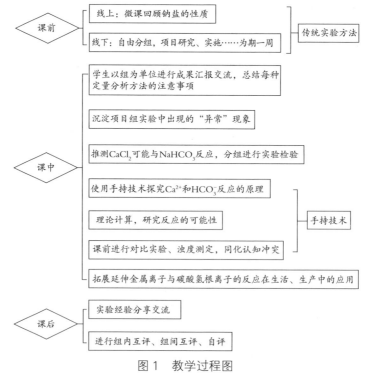

图 1　教学过程图

八　实验效果评价

学生对于用所学的知识解决问题表现得非常积极和兴奋，激发了学习化学的热情；在项目实施过程中，能够合作讨论，请教老师，主动查阅资料，自主学习能力有所提高，但是个别基础薄弱的学生参与度略低。

项目化学习模式的应用：在研究 Na_2O、Na_2O_2 混合物中物质含量测定、原电池制作等很多实验中都可以应用该模式，这种模式能有效地提高学生的学习能力和动手能力，激发学习原动力。

实验方法的应用：利用 pH 传感器、温度传感器、CO_2 传感器也可以研究锰离子、亚铁离子等其他金属离子与碳酸氢根离子反应的问题。利用浊度传感器可以对有微量沉淀生成的反应进行定性和定量研究，可以观察浊度随时间的变化，从而研究外界条件改变对反应速率的影响，甚至可以尝试通过某段时间内浊度的变化，进行换算，定量计算该段时间内的平均反应速率。

点评

本实验利用项目式学习，充分发挥了实验和数字化仪器在化学教学过程中的重要作用，启迪了学生的科学思维，训练学生的科学探究方法，帮助学生理解和掌握化学知识和技能，激发了学生学习化学的兴趣。其教学有很强的参考性、借鉴性。

具体亮点和建议如下：

1. 亮点

（1）本实验合理地运用项目式学习，布置课前、课中、课后的任务及分配，给足了学生合作学习、思考、交流的时间，降低了学生学习的难度，也让课堂更加高效。

（2）在探究 Ca^{2+} 和 HCO_3^- 反应的过程中，利用数字化传感器让微观不可见的化学反应变得可视化。实验中根据数字化设备，比如 pH 传感器、CO_2 传感器、浊度传感器等，让实验由定性向定量转化，有利于培养学生"宏—微—符—线"四重表征能力。

（3）在项目式任务学习的过程中，善于捕捉教学时机，以此来引导学生探究其原因，很好地利用生成性问题促进学生思维的发展。

（4）实验设计思路层层递进，逐渐深入，由传统的理论分析转为数字化仪器下沉淀和气体浓度的测定。通过学习定量分析方法，从实践中发现的异常现象引发认知冲突，进而引导学生综合应用知识推测并设计实验来验证，升华了课堂的高度。

2. 建议

（1）由于碳酸氢钠应用广泛，在实际教学过程中可以结合实际生活多维度创设真实的问题情境，如可以以纯碱的生产为线索，学生课前可以查阅侯氏制碱法的原理以及意义，然后分析纯碱的纯度测量方法。也可以以厨房中的纯碱为分析对象。充分激发学生探究的内驱力。

（2）教学过程内容可以进一步详写，让读者不仅知道实验教学过程的学习任务，还可以深入了解数字化仪器的原理及课程活动的设计，更有利于教学成果的推广运用。

案例 5　基于化学学科核心素养的实验教学——以"卤化银甘油溶胶的制备及其感光实验"为例

浙江省杭州第七中学　王强

一　使用教材

江苏凤凰教育出版社，普通高中教科书·化学必修第一册，专题 3 从海水中获得的化学物质，第三单元海洋化学资源的综合利用。

二　实验器材

试管、烧杯、玻璃棒、激光笔、酒精灯、温度计、胶头滴管、量筒、甘油、0.1 mol/L $AgNO_3$ 溶液、0.1 mol/L NaCl 溶液、0.1 mol/L NaBr 溶液、0.1 mol/L NaI 溶液、银氨溶液。

三　实验创新要点

1. 趣味性设计

以甘油为分散质制备卤化银甘油溶胶，该分散系在红光照射下可显现丁达尔效应；在蓝光照射下可感光分解，形成银斑。记录光路的信息。让学生直观感受卤化银的感光性，激发学生学习和探究的兴趣。

2. 从定性和定量角度分析卤化银光解速率的影响因素

探究卤化银光解速率因素的影响时，强调定性和定量观念。通过控制变量的方法探究物质种类、浓度、温度、光照强度等因素对卤化银光解速率的影响。

3. 多维度培养学生化学学科核心素养

在教学过程中，充分发挥化学实验的教学功能，有助于学生理解和掌握卤化银的感光性等相关化学知识，实验探究过程中，启迪学生的科学思维，培养学生的科学态度和价值观，使化学学科核心素养的培育与鲜活的知识、灵动的教学紧密结合。

四 实验原理

1. 卤化银具备感光性

中学化学教材中常见的卤化银包括 AgCl、AgBr 和 AgI，它们都具有感光性，见光分解产生单质银，常被用于制备感光材料，在摄影、医疗、军事等领域有广泛的应用。

$$2AgX \xrightarrow{\text{光照}} 2Ag + X_2 \qquad X = (Cl、Br、I)$$

2. 不同颜色可见光能量不同

蓝光波长比红光波长短，频率高，且具有的能量比红光高。当用蓝光照射卤化银溶胶时，更易使卤化银感光分解。

3. 物质种类对光解速率的影响

甘油为分散介质的卤化银溶胶分散系中，相同条件下，AgBr 光解速率最快，AgI 光解速率最慢，AgCl 光解速率居中。

4. 外界条件对卤化银光解速率的影响

温度越高、光照强度越大、离子浓度越大，卤化银光解速率越大。

5.甘油的分散作用

甘油由于其结构和性质，经常被用作分散介质，制备纳米材料。

五　实验教学目标

1.通过实验探究，了解卤化银的物理性质、化学性质；通过控制变量的方法，探究影响卤化银光解速率的因素。

2.在卤化银相关创新实验设计与实施过程中，增强学生文献分析与概括能力，增强学生实验记录与数据处理能力，体会研究物质的思路和方法。

3.在知识体系建立与实验能力提升的基础上，从各个维度培养学生的化学学科核心素养。

六　实验教学内容

通过创设情境，展示变色眼镜随光强度变化而变色的过程，让学生感知化学与生产、生活密切相关，体会化学学科价值，激发学生学习化学的兴趣。通过问题驱动，让学生利用实验室现有条件制备卤化银，并展示其感光性，探讨其光解速率的影响因素，确立具有探究价值的化学问题，通过文献研讨和任务驱动引导学生独立思考、合作交流、设计方案、实验验证、优化方案、展示成果，从而达成实验教学的目标。在此过程中，通过定性观察、控制变量、对照实验、数据记录、科学归纳等方法促进知识体系的建立、实验技能的形成和化学学科核心素养的培养。

七 实验教学过程

（一）创设情境

展示变色眼镜镜片在强光照射下颜色变深，在暗室中颜色变浅的过程，让学生猜想镜片中可能包含的物质以及物质可能具备的化学性质。学生通过讨论，得出结论，教师点评、揭秘：AgBr 具有感光性，造成变色眼镜颜色的变化，卤化银皆有感光性。

设计意图：创设生活情境，激发学生探究兴趣，实施问题驱动，引导学生根据宏观现象推测物质的组成和可能具备的性质。让学生了解化学与生活密切相关，感受化学的学科价值，同时，让学生观察到化学不仅可以带来神奇的现象，更重要的是通过化学学习可以感受科学思维的魅力。从而培养学生"宏观辨识与微观探析""科学态度与社会责任"等方面的化学学科核心素养。

（二）问题驱动

1. 要求学生在教材没有演示实验的情况下，思考怎样利用实验室现有的药品与仪器展示卤化银的感光性。

学生已经了解卤化银具有感光性，根据已有的经验，猜想用 $AgNO_3$ 溶液与 NaCl 等溶液直接混合制备卤化银。然而在实验过程中，用此方法制备的卤化银沉淀，即使在光照强的室外也很难光解，从而形成认知冲突，教师借助认知冲突设置问题。

2. 卤化银具备感光分解的性质，但为什么我们制备的卤化银却观察不到感光性？怎么改进？组织学生进行讨论。

学生经讨论形成结论：由于变色眼镜中的卤化银是均匀分布在镜片中的，可充分吸收光的能量，而实验制备的卤化银是沉淀的形式，吸收光的能量的效果差。只要将卤化银均匀分布在溶液中就可以满足实验需要。

设计意图：利用任务驱动和问题驱动，引导学生依据已有的知识和经验，根据物质的组成和性质，独立思考、提出猜想、合作交流并设计实验方案，借助实验结果验证猜想的真伪。在认知冲突的基础上进行问题驱动，进一步引发学生思考，优化实验方案，从"证据推理与模型认知""科学探究与创新意识"等方面提升化学学科核心素养。

卤化银中除了氟化银外都是难溶的，很难将卤化银均匀地分散在水中。鉴于学生的认知水平，很难想到将卤化银均匀分布在液体中的方法，需要教师提供帮助，展示提前准备好的文献，供学生参考。

（三）文献引导

节选以甘油为分散质制备溶胶的相关论文中的部分内容，为学生提供思路。节选内容为：可以设想，若能将纳米银的制备与无水甘油体系相结合，直接在无水甘油体系中，以甘油作为分散介质，可能获得稳定无水甘油分散溶胶体系[①]。

设计意图：当学生由于认知水平受限，使方案设计陷入困境时，教师及时提供相关文本资源，帮助学生提升对文献内容进行分析、概括、点评的能力。通过知识和技能的迁移，优化实验方案，解决实际问题，增强学生实验操作能力，强化学生创新意识。

经过分析讨论，制订方案，以甘油为分散介质，制备卤化银甘油溶胶。

1. 取 3 支试管，分别倒入 5 mL 甘油。向每支盛有甘油的试管中分别滴入 3 滴 0.1 mol/L $AgNO_3$ 溶液，振荡，使之混合均匀，得到混合液。

2. 向上述 3 支试管中分别滴入 3 滴 0.1 mol/L NaCl 溶液、0.1 mol/L NaBr 溶液、0.1 mol/L NaI 溶液，振荡，可以观察到卤化银溶胶的生成。

3. 用激光笔照射新制的卤化银溶胶，观察实验现象。

观察上述过程中制备的卤化银甘油溶胶，可以发现从氯化银甘油溶胶、

---

① 郑寅，陈硕平，王苏展，等. 甘油分散含银溶胶的制备及抑菌性能研究 [J]. 材料导报，2017，31（12）：30-34.

溴化银甘油溶胶到碘化银甘油溶胶，颜色依次加深，由白色逐渐过渡到黄色。在红光的照射下产生明显的丁达尔效应（实验所得的溶胶在暗室中保存数周后，仍难沉降，具有较好的稳定性）。

（四）启迪思维

用红光照射卤化银甘油溶胶时，可以看到明显的丁达尔效应，但是移去光源，却很难观察到卤化银光解的现象，再次产生了认知冲突。教师引导学生从光的能量角度思考，并引导学生改用波长较短的蓝光照射卤化银甘油溶胶。

实验证明：用波长较短的蓝光照射卤化银甘油溶胶时，可以带来一种有趣的现象——产生银斑。蓝光照射溶胶数秒后移去光源，可清晰地观察到试管中光通过的地方，卤化银感光分解，并产生大量细小的黑色银颗粒，这些银颗粒聚集形成一条"黑色地带"（见图1），类似胶卷的效果，记录了光路信息，在课堂演示中，学生称之为"试管胶卷"。倒掉试管中的溶胶后，可以观察到试管壁上有银斑附着。

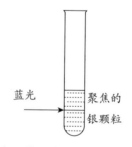

蓝光　聚焦的
　　　　银颗粒

图1　银颗粒聚集形成的"黑色地带"

另外，激光笔照射卤化银甘油溶胶时，引发学生进一步思考：为什么在红光的照射下容易观察到丁达尔效应，而在蓝光的照射下则容易使卤化银感光分解？进而促使学生探索光的波长与能量之间的关系，光的波长、光的散射与丁达尔效应之间的关系。用物理知识解释化学现象，建立物理、化学学科之间的联系，拓展学生思维空间，提升学生综合探究能力，从而提升学生的综合素质。

（五）实验探究

由于新制的卤化银甘油溶胶经光照都可以产生银斑，所以可以用控制变量的方法，对比银斑形成所需的时间，探究卤化银溶胶光解速率的影响因素。

1. 探究 1：物质种类对卤化银光解速率的影响

15℃时，在相同条件下，根据不同溶胶形成银斑所需的时间，判断物质种类对卤化银光解速率的影响。如表 1 所示，在相同条件下，物质的光解速率：溴化银＞氯化银＞碘化银，结论与相关报道吻合。培养学生尊重实验事实和依据的科学态度。

表 1　15℃时，相同条件下不同溶胶形成银斑所需的时间

物质种类	氯化银甘油溶胶	溴化银甘油溶胶	碘化银甘油溶胶
银斑形成时间 /s	8	5	22

2. 探究 2：温度对卤化银光解速率的影响

在室温为 5℃的情况下，采用水浴加热的方法，先将试管中的 5 mL 甘油、所需的银氨溶液、NaCl 溶液、NaBr 溶液、NaI 溶液同时分别加热到 15℃、25℃、35℃、45℃，然后按方案中的步骤制备不同温度下的卤化银甘油溶胶。用蓝光照射这一系列溶胶，通过对比形成银斑所需的时间，即可判断温度对卤化银感光分解速率的影响。通过实验发现，随着温度的升高，卤化银光解速率逐渐加快（见图 2）。温度超过 35℃时，氯化银甘油溶胶与溴化银甘油溶胶形成银斑所需的时间已经相差不大，45℃时，溴化银甘油溶胶产生银斑所需的时间甚至少于 1 s。

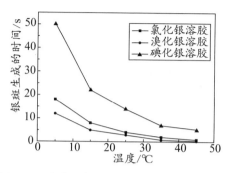

图 2　温度变化对银斑产生所需时间的影响

3.探究 3：其他因素对卤化银光解速率的影响

其他因素（如光照强度、离子浓度等）都对卤化银光解速率存在影响。光照强度越大，卤化银光解速率越快。实验过程中，将新制备的卤化银甘油溶胶由暗室移至室外，可看到卤化银迅速形成银溶胶。

实验过程中还发现，离子浓度逐步增大时，卤化银存在的状态可由溶胶转变为乳浊液，光解速率也同时加快，与相关资料一致。

设计意图：进一步挖掘创新实验的教学价值。通过设计方案，控制变量，完成实验操作，并对观察记录的实验信息进行加工，获得结论。能从内因与外因、量变与质变等角度分析化学反应速率的影响因素，培养学生观察和记录实验信息的能力，尊重事实和证据，培养学生严谨求实的科学态度，从"变化观念与平衡思想""科学态度与社会责任"等多维度培养学生的化学学科核心素养。

（六）总结归纳

梳理整节课的知识脉络，构建知识体系，使化学知识的学习、科学探究能力的形成、化学学科核心素养的培养有机结合。

八　实验效果评价

在卤化银甘油溶胶的制备和感光实验展示过程中，新奇的实验现象容易激发学生的求知欲，促使学生发现问题，在思考、探究和解决问题过程中，逐步提升学习能力。另外，学生通常会认为金属银只能呈现银白色，而通过该实验可以让学生了解到银单质在一定状态下还可呈现黑色，丰富了学生的化学知识。本实验所需药品用量少、重复率高，有助于培养学生的环保意识。教学过程中，教师充分挖掘实验的教学功能，培养学生"理论推断—实践论证—理论深化"的认知能力和学科素养。

实验教学过程中，始终贯穿着证据推理和创新意识等化学学科核心素养的培养，需要从学科思想、实践层面、价值追求等方面全面地认识化学学科核心素养。

学生化学学科核心素养的培养是一个循序渐进的过程，教师应长期坚持"素养为本"的教学，倡导真实问题情境的创设，开展实验探究活动，使学生在化学知识学习的过程中逐渐形成正确的价值观念和关键能力。

点评

本实验探究卤化银甘油溶胶的制备及其感光性。优点在于在教材中并没有相应的实验，教师深度挖掘教材内容，以知识卡片为背景设计了一个科学实验，体现教师智慧的同时也体现学生对于化学的热爱，很好地诠释了知识源于教材又高于教材。实验富有趣味性，生活化，更重要的是与物理光学知识有关，一定程度上实现跨学科实验探究。

具体亮点和建议如下：

1. 亮点

（1）通过教材中的知识卡片设计一个与生活相关的探究实验，让学生真正体会到实验探究无处不在，只要善于思考、善于发现，就能设计出一个科学实验。该实验起到引领示范作用，督促学生在后期的学习过程中尝试去发现问题、思考问题、解决问题。

（2）通过实验现象引发认知冲突，使学生对该实验有着浓厚的兴趣以及迫切的求知欲，为实验的有效探究打下坚实基础。《课程标准》提到重视开展"素养为本"的教学，倡导真实问题情境的创设，开展以化学实验为主的多种探究活动，激发学生学习化学的兴趣，促进学生学习方式的转变，培养他们的创新精神和实践能力。本实验以变色眼镜为真实情境，开展定性、定量的温度对卤化银光解速率的影响探究，着力提升学生的素养水平。

（3）学生通过查阅资料，设计实验，了解一定的光学知识，该过程切实培养学生掌握实验探究的基本流程。化学探究实验中应用了物理知识，一定程度上让学生感受到基础自然学科的重要性，培养学生的全局观，提升综合素质。蓝光波长比红光波长短，频率高，且具有的能量比红光高，当用蓝光照射卤化银溶胶时，更易使卤化银感光分解，实验利用该原理进行实验探究，实验现象明显。

（4）让学生感受到溶剂不同，溶质的溶解度不同。在高中阶段，学生总是认为溶剂只有水，思维没有发散，进行实验探究过程中思维受限。通过该实验能够有力地说明溶剂不同，溶质溶解度不同。

2. 建议

（1）氯化银甘油溶胶、溴化银甘油溶胶到碘化银甘油溶胶，颜色由白色逐渐过渡到黄色，依次加深，溶胶本身的颜色对银斑的判断会带来干扰，一定程度影响实验的准确性，可尝试从其他角度增加对照实验（比如，探究相同实验变量情况下，卤化银溶胶透光度变化），交叉比对，进一步确保实验的准确性。观察不同因变量，既是对实验方案的进一步完善，也是对实验手段的进一步丰富，有利于学生思维的发散。

（2）基于环保性原则，银离子、卤化银溶胶还需考虑环保处理等问题。此外，建议基于影响卤化银光解速率的因素出发延伸讨论到变色眼镜等感光材料在使用中需要注意哪些事项等等，形成闭合环节，同时也拓宽了本实验的意义。

案例 6　AI 辅助下的原电池改进探究

湖南省长沙市第一中学　杨定

一　使用教材

　　人民教育出版社，普通高中教科书·化学必修第二册，第六章化学反应与能量，第一节化学反应与能量变化。

二　实验器材

　　铜箔、锌箔、硫酸、数字化设备（电流传感器）、烧杯、滴管、滤纸、剪刀、透明胶、医用手套。

三　实验创新要点

　　1.参考主流工业量产工艺、结合 AI 辅助，对教材铜锌原电池进行小型化、轻量化改进。

　　2.用铜箔替换铜片，用锌箔替换锌片，用吸了电解质的滤纸代替电解质溶液。

四　实验原理

　　中学生实验过程中常遇到查阅文献的能力和渠道有限，不能及时获得教师一对一指导，出现异常现象时没法及时得到解答等问题。而以 AI 工具与手机聊天应用程序相似，我们可以直接输入文字提问，比如用文字提问：锂离子电池中有锂单质吗？AI 助手回复：正常工作的锂离子电池中没有锂单质，而是锂离子在正负极间移动来储存和释放电能。也可以通过语音提问，比如锂离子电池为什么不能用水作为电解质的溶剂？AI 助手回复：因为锂电池的平均工作电压高于水的分解电压，同时锂离子电池中的多种成分都能和水发生强烈的水解反应。

五 实验教学目标

1. 结合 AI 助手提供的信息进行分析讨论，提出可行的锌铜原电池轻量化解决方案，培养证据推理与模型认知的核心素养。

2. 参考主流工业量产工艺，探索解决改进实验中遇到的各种问题，培养科学探究与创新意识的核心素养。

3. 在实验室模型设计之初就考虑模仿主流工业量产工艺，有助于研究成果尽快进入生活，培养科学态度与社会责任的核心素养。

六 实验教学内容

课前借助 AI 工具，学生提出了一些问题作为实验前的知识准备。

提问 1：怎样使锌铜原电池轻量化？

AI 助手回复：可以减少电解质溶液的用量或者使用更轻、更薄的电极材料。

提问 2：怎样把锌铜原电池做成圆柱形？

AI 助手回复：可以把两个电极卷绕成圆柱形，装入容器，再添加电解质溶液。

提问 3：怎样做成方块形？

AI 助手回复：可以把两个电极剪成方形，装入容器，再添加电解质溶液。

学生经过思考并讨论后，回忆起教材中有些类似的图片可以作为参考，图 1 是必修第二册教材中的图片，主要启发是可以用吸收了电解质溶液的滤纸代替水槽或烧杯，以减少电解质溶液的用量；图 2 是必修第二册教材的课后练习，主要启发是可以用金属薄片代替金属板，使电池更轻薄且易弯曲、折叠。确认另外一些细节后，开始准备实验材料。

图 1　教材中图片

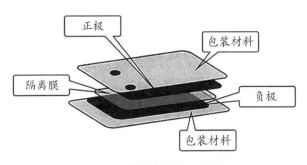

图 2　教材中课后习题图

将铜箔、锌箔（见图 3）剪成长方形用来卷绕，剪成正方形用来叠片（见图 4）；学生参考工业中电池的极耳设计，在电极上粘了一小片金属箔（见图 5），方便电流采集器的夹持。

 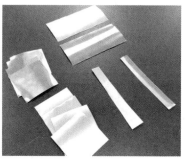

图 3 铜箔、锌箔   图 4 铜箔、锌箔截片

 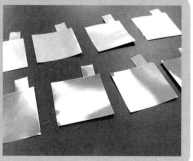

图 5 电池的极耳设计

七 实验教学过程

完成卷绕后，如果加上外壳包装，就类似于生活中常见的 5 号电池。连上数字化设备测试电流，稳定运行时的电流强度在 0.04~0.05 A。

如果加上外壳包装，就类似于生活中常见方块形的手机电池。连上数字化设备测试电流，稳定运行时的电流强度在 0.10~0.12 A。作为对比，学生也在相同条件下将普通锌铜原电池接上了数字化设备测试电流，电流强度在 0.10~0.12 A。

实验过程中，学生提出有没有办法提高电池的电流强度？

提问：怎样提高叠片电池的电流？

AI助手回复：可以参考铅蓄电池的制造工艺，采用多层正负极叠片的方式来提高活性物质接触面积，用电池内部串并联的方法提高电流电压。

于是，学生也做了尝试，并测试了电流。发现稳定运行时，电流强度可以达到0.4 A左右。

实验结束后，学生也对某些现象提出了一些疑问，比如：

提问：为什么卷绕电池的电流比正常情况要小很多？

AI助手回复：可能是由于电解质难以均匀渗透或者电池内部短路引起的。

同时有学生向AI助手提出想看看工业上卷绕与叠片的视频，AI助手表示无法实现。据了解，当前同类的AI助手并不是实时从网络上抓取信息回复，而是定期（比如以3~6个月为周期）用相对可靠的数据库对知识储备进行训练，因此，功能上还是存在一定的局限性。所以学生就只能自己搜索了工业上卷绕与叠片的视频。

八　实验效果评价

我们常常在新闻报道中看到：某个科研团队发表文章宣称在电池技术的研究上获得突破性进展，比如超长续航、超快充电等，但是在生活中却没有感觉到电池技术在快速进步。其中的一个关键原因就在于制造实验室电池原型与工业量产之间的巨大差异，导致不少实验室原型量产难度极大或成本极高，从而长期甚至永远留在了实验室。通过模拟主流工艺，使学生能感受到它们之间的差异，也能够更直观地体会化学知识与生活的关联。若学生今后从事科研工作，也更有可能使实验室原型在设计之初就将主流工艺考虑进去，让研究成果能更快进入我们的生活。

AI的快速发展使网络上充斥着某某职业将被替代的论断。那么教师行业的未来是否也会受到 AI 的威胁呢？我们可以看到，AI 确实具有很多教师不具备的优点，比如随时响应、跨学科知识面广泛等。但至少在中小学阶段，教师除了传授知识外，陪伴和身教也十分重要，这是 AI 所无法替代的。我们虽不希望未来学生过度依赖 AI，但也无法阻止科技的进步。在合适的使用引导下，其实 AI 有助于学生由善于背记知识向善于提出问题转变。这对于减轻学生负担，培养其创新能力是有积极意义的。

点评

　　该实验是原电池改进探究，借助新技术 AI 辅助原电池实验改进，把教材锌铜原电池进行小型化、轻量化改进，构建学生对原电池装置和原理的认知模型；实验改进方法有创新性、启发性，值得借鉴。

　　具体亮点和建议如下：

　　1. 亮点

　　（1）该实验教学目标紧扣课标、教材和学情，表述明确、具体，实验内容符合目标要求。

　　（2）该实验教学设计方案是借助 AI 辅助，把教材锌铜原电池进行小型化、轻量化改进，引导学生由教材电池装置向真实电池靠拢，发展学生证据推理与模型认知素养。借助 AI 辅助提供的信息的基础上，启发学生把教材电池模型和真实圆柱形或方形电池联系起来，进而改进、组装新电池，并结合数字化设备测试新电池和普通电池电流并对比，发展学生科学探究和创新意识素养。以 AI 新技术用来指导实验教学改进和创新，给人提供了一种新的改进实验教学视角，值得教师关注。

　　（3）该实验数据呈现方式恰当、直观，借助数字化设备直观显示改进后电池的电流，有利于构建主流电池工业工艺的理解，培养证据推理和识图能力，效果较好，能验证预期猜想。

（4）从教学过程的呈现上看，该实验教学注重教师为主导的启发式和探究式教学，向 AI 提问：怎样使锌铜原电池轻量化？怎样把锌铜原电池做成圆柱形？怎样做成方块形？怎样提高叠片电池的电流？引导学生把教材和真实电池联系起来进行实验探究，以 AI 辅助增进学生对原电池模型的认知。

2. 建议

在本实验探究过程中，学生借助 AI 工具增进了对原电池的认知和思维的进阶。利用 AI 技术进行实验探究过程的前期方案设计的辅助，能很好地激发学生的兴趣，也帮助学生养成正确认识 AI 技术的意识，学会合理利用 AI 技术辅助科学研究。但是对 AI 技术提供的相关信息数据，也要让学生学会分辨和取舍，提醒学生不要被动地全盘接受 AI 提供的信息。正确使用，合理使用，让 AI 新技术服务学生的成长。

案例 7　基于课堂真实问题情境的"海带提碘"实验条件优化

山东淄博实验中学　王露晨

一　使用教材

人民教育出版社，普通高中教科书·化学必修第二册，第八章化学与可持续发展，第一节自然资源的开发利用的课后习题——从海带中提取碘的实验流程。

二　实验器材

氧化还原传感器、数据采集器、pH 计、磁力加热搅拌器、磁子、酸式滴定管、烧杯、胶头滴管、海带灰浸取液（5 g 海带灰溶于 30 mL 蒸馏水）、稀硫酸、0.005 mol/L 高锰酸钾溶液、新制氯水、10% 过氧化氢溶液、淀粉溶液。

三　实验创新要点

1. 以项目式学习方式深度探究。项目式教学改变了学生"先学后用"的学习模式。在知识本位的教学模式中，学生往往是学习客体。而在项目式学习的课堂中，学生能够成为学习主体，化被动接受为主动思考，从

"工程师""研究员""科学家"等多种角度代入课堂，符合《课程标准》"培养学生在真实情境中综合运用知识解决问题的能力"的要求。本课以项目式学习为指导，以新的项目解决原有项目中出现的问题，真正实现了"在做中学"的教学思想。

2.抓住典型活动，注重课堂生成性问题，培养学生的关键能力。项目式学习若想成功实施，离不开师生交互、教师引导，因此对于教师的要求会更高。教师对学生的学情需充分掌握，对课堂具有全局把控力。这样，学生在课堂上出现"灵光一现"的内容时，教师才会更加游刃有余，发现值得深化反思的内容，为自己的教学研究积累素材。本课例的设计灵感即来源于学生的课堂生成性问题。将学生的问题设计为下一步的项目任务，创设了层层递进的真实问题情境，提升了学生解决真实问题的能力。

3.利用手持技术，外显问题解决的思路和过程。《课程标准》中明确指出，化学教材应重视信息技术的应用，增加数字化实验，以便让学生在实验探究活动中学习科学方法，培养科学态度，发展实践能力。数字化手持技术实验也越来越多地走进了中学化学课堂，尤其是应用于实验的改进方面。本课例在以上背景下，借助氧化还原传感器，将实验数字化，学生通过观察电势的变化，更直观地加深了对氧化还原反应的理解。

四　实验原理

1.海带中含有 I^-，I^- 可被氧化剂氧化为 I_2，如高锰酸钾、双氧水、氯水等。同时氧化剂氧化能力过强也会将 I_2 进一步氧化为 IO_3^-，而氧化剂溶液的氧化能力强弱可由其溶液电势的高低反映。

2.溶液的 pH 会影响氧化剂溶液的氧化能力强弱，通过缓冲溶液可以有效控制溶液的 pH，并最终达到控制氧化剂溶液的氧化能力强弱的目的。

五　实验教学目标

1. 通过参与真实、完整的实验探究过程，提升学生观察并利用所学知识解释实验现象的能力，加深学生对过滤、萃取、分液等物质分离方法的理解，帮助学生建立真实复杂系统中物质富集、分离、提取的认知模型，发展学生的化学核心素养。

2. 通过对海带提碘实验条件的逐步优化，实现学生对氧化还原反应规律的思维进阶，提升学生解决真实问题的能力，让学生感受实验条件控制的思路与方法，进一步帮助学生理解在实际工业生产中条件调控的必要性。

3. 通过数字化手持技术的使用，拓展了学生的知识范围，使学生感受到化学"求真唯实"的学科魅力。

六　实验教学内容

本实验依托项目式教学的方法，主要教学内容以任务的形式呈现，如表 1 所示。

表 1　教学内容

教学内容	学生活动	教师支持	设计意图
任务 1：氧化剂的选择	（1）根据前期讨论结果，学生自主选择待研究的氧化剂 （2）结合资料，设计以氧化还原传感器测定海带灰浸取液与不同氧化剂反应过程中电势变化的实验方案 （3）分组进行实验，	（1）给予学生氧化还原电势的相关资料，提供氧化还原传感器的使用方法 （2）帮助学生明确电势曲线中"点、线、面"的含义，引导学生解读图像 （3）探究过程中及	利用层层递进的问题，逐步解决前期讨论中出现的问题，让学生切身体会探究的全过程。以手持技术使反应中发生的变化直观可见，让学生对化

续表

教学内容	学生活动	教师支持	设计意图
任务1：氧化剂的选择	记录实验现象和数据（4）讨论观察到的现象，画出过程中的电势曲线，排除干扰，筛选出适宜氧化剂进行下一步研究	时给予指导，帮助学生调整实验方案（4）提供实验所需的仪器和药品	学反应的原理有更深层次了解
任务2：氧化剂适宜pH范围的选择	（1）针对筛选出的过氧化氢氧化剂，设计不同pH下的实验方案（2）分组进行实验，记录实验现象和数据（3）结合查询到的文献和资料，讨论观察到的现象，得出最适宜的pH范围	（1）提供相关资料（2）探究过程中及时给予指导，帮助学生调整实验方案（3）提供实验所需的仪器和药品	
任务3（生成性任务）：如何让溶液的pH基本保持不变	（1）结合过氧化氢与碘离子在酸性条件下反应的离子方程式，学生提出疑问：如何让反应过程中的pH基本保持不变（2）查询资料，确定醋酸/醋酸钠缓冲溶液酸化的条件，重复实验（3）记录实验结果，讨论并得到结论	（1）记录学生提出的问题，及时将其转化为下一步的项目任务（2）提供资料以及理论支持（3）提供实验所需的仪器和药品	抓住学生的课堂生成性问题，做到"有问必答"，使学生完成更深层次思维进阶

七 实验教学过程

1.任务一：氧化剂的选择

根据前期认知分析可知，所选氧化剂应满足能使碘离子被氧化为碘单质，但不能将碘单质进一步氧化为碘酸根离子的条件。因此，学生选择了高中化学常见的氧化剂高锰酸钾溶液（0.005 mol/L）、新制氯水、过氧化氢溶液（10%）作为研究对象。根据资料，学生了解到溶液电势的高低反映了溶液氧化性的强弱，电势越高，氧化性越强，电势出现较大变化，说明生成了新的物质。基于以上信息，学生在教师的帮助下设计了实验方案：向海带灰浸取液（30 mL）中分别滴加不同的氧化剂溶液，使用淀粉溶液作为指示剂（每次加入 3~4 滴），利用氧化还原传感器测定全过程中溶液的电势并绘制曲线，通过观察溶液的现象和电势曲线，分析氧化剂是否适宜。实验装置如图 1 所示。

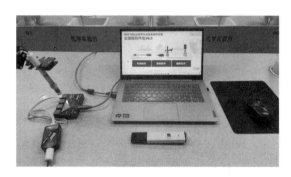

图 1　实验装置

最终绘制得到的电势曲线图及反应后的现象分别如图 2、图 3 所示。

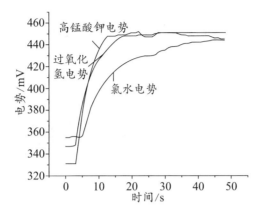

图2 3种氧化剂反应电势曲线图

图3 3种氧化剂的反应结果

分析反应现象及电势曲线可知，高锰酸钾与氯水能将碘离子氧化为碘单质，但电势变化不平稳，溶液中的蓝色不能稳定存在，很快褪去，变成棕色溶液，说明发生了其他副反应。过氧化氢溶液也能实现氧化的目的，溶液中较长时间出现蓝色且不褪色，电势曲线比较平缓。此时有学生指出，高锰酸钾与新制氯水中颜色的变化可能是淀粉与强氧化剂发生作用导致的。于是又设置了对照实验：在相同的条件下，向淀粉溶液中滴加强氧化剂溶液，结果发现溶液无明显现象（见图4），可以排除淀粉的干扰。

图 4 2 种氧化剂与淀粉溶液的反应结果

综上所述，高锰酸钾、新制氯水因氧化性太强，无法精确将碘离子氧化为碘单质，因此不适合作为本实验的氧化剂；过氧化氢的氧化性较适宜，可使碘元素停留在碘单质的状态，可做进一步研究。

2. 任务二：氧化剂适宜 pH 范围的选择

针对筛选出的氧化剂，学生查阅文献，发现过氧化氢的氧化性随 pH 变化较大，溶液的酸性增强，过氧化氢的氧化性也随之增强，使用时需要控制 pH。因此，学生又提出了新的问题：过氧化氢在该反应中的最适宜 pH 范围是多少呢？根据以上内容，学生选择过氧化氢氧化剂，设计了从 pH=1 到 pH=6.5 的平行实验，重复以上反应。过程中的典型数据如图 5 及表 2 所示。

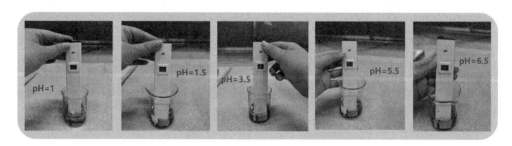

图 5 不同 pH 下的反应结果

表2 不同 pH 下的反应结果

组别	反应后 pH	溶液颜色	出现蓝色用时 /s
pH=1	1.3	黄色	11
pH=1.5	1.7	黄绿色	16
pH=3.5	4.7	蓝绿色	24
pH=5.5	5.9	蓝绿色	39
pH=6.5	6.8	蓝绿色	53

结合文献，学生了解到在该实验中 pH 由 4 变为 6，提取出的碘单质的质量下降两个数量级。因此学生得出结论：以过氧化氢作为氧化剂，pH 过小，会过度氧化；反之 pH 过大，则过氧化氢的氧化能力太弱，用时长，且影响碘的产率。最适宜的 pH 为 3.5 左右。

3.任务三：溶液 pH 范围的控制

学生发现，在任务二中，反应后溶液的 pH 相较于反应前都出现了上升。已知过氧化氢与碘离子在酸性条件下反应的离子方程式如下：

$$2I^- + H_2O_2 + 2H^+ = I_2 + 2H_2O$$

结合反应可知，该反应中氢离子在不断消耗，导致 pH 上升，可能会超过最适宜 pH 范围，导致碘的产率降低。于是学生提出疑问：如何让溶液的 pH 基本保持不变呢？这促使在该实验项目的原定任务中，加入了生成性任务三。通过查阅文献，学生了解到缓冲溶液可以实现这一目的。于是，以醋酸 / 醋酸钠缓冲溶液（醋酸钠 5.1 g，冰醋酸 20 mL，加水稀释至 250 mL）进行酸化，重复实验，结果发现使用缓冲溶液的小组效果更好（见图 6）。

图 6 不同溶液中的反应结果

图注：左图为未使用缓冲溶液，右图为使用缓冲溶液。

由此，学生得出最终结论，并进行了项目结果汇报：过氧化氢是"海带提碘"实验中效果较好的氧化剂。使用过氧化氢时，可用缓冲溶液将 pH 保持在 3.5，此时氧化效果最好，碘的产率最高。按照所得实验条件，利用碘量法进行定量测定，计算得到海带中碘元素的质量分数为 0.337%（见表 3）。查阅文献可知，海带中碘元素的质量分数在 0.3% 以上，结果可信度较高。

表 3 项目结果

组别	海带灰质量 /g	硫代硫酸钠浓度 /(mol·L^{-1})	硫代硫酸钠体积 /mL	得到碘单质的质量 /g	碘单质的质量平均值 /g	碘元素的质量分数 /%
1	3.0	0.005	15.80	0.0100		
2	3.2	0.005	16.11	0.0102	0.0101	0.337
3	3.0	0.005	15.90	0.0101		

八 实验效果评价

本实验源于"海带提碘"项目式教学实践。基于教材提供的"海带提碘"流程，学生借助文献查询等方式，进行了海带提碘的实验并总结得到了物质富集、分离、提取的认知模型（见图 7）。

> 物质富集、提取、分离的认知模型：
>
> 原料的预处理 ➡ 核心反应 ➡ 分离、提纯目标产物

图 7 学生总结得到的认知模型

然而在实际操作中，部分小组学生发现按照方案进行"海带提碘"，却出现了如下未预设的现象（见图 8）：

图 8 未预设现象记录

小组 1（左侧）：向盛有酸化的海带灰浸取液的试管中分别滴加过氧化氢溶液、氯水，滴加过氧化氢溶液的试管中黄色更深。

小组 2（中间）：以氯水为氧化剂，按照方案正确操作后，加入四氯化碳，有机层未变紫，向水层滴加淀粉，溶液不变蓝，说明没有成功提取到碘单质。

小组 3（右侧）：向加入淀粉但未酸化的海带灰浸取液中滴加过氧化氢溶液，溶液始终未变蓝，且明显观察到过氧化氢分解。

造成这些问题的原因是什么呢？学生查询资料后进行了实验反思，学生认为，氯水的氧化性强，可能将部分碘单质氧化为碘酸根离子，导致了颜色差异。未成功提取到碘单质的小组同学回忆实验操作，发现在滴加氯水时没有控制加入的量，可能已发生过度氧化。其他使用过氧化氢溶液的小组比较后认为，过氧化氢的氧化性可能跟溶液酸碱性有关，酸化时加入硫酸的量会影响实验结果。所以，学生最终通过讨论得出：上述问题主要

是氧化剂类型、用量及溶液 pH 造成的。这些问题都使"海带提碘"实验只能停留在定性检出碘元素的层面，而无法使该实验应用于海带中碘含量的定量测定。因此，教师与学生共同进行了新的实验微项目，对该实验的条件进行优化，以选择最佳的氧化剂及最适宜的 pH 范围，使海带灰浸取液中的碘离子最大限度地被精确氧化至碘单质而不被过度氧化。

尚要解决的问题：

（1）海带灰化不充分。受中学化学实验室条件限制，海带灰化并不充分，导致杂质进入滤液中，影响现象观察。

（2）海带灰浸取液成分检验。海带灰浸取液与氧化剂反应的电势曲线变化相较碘化钾存在差异，可能是其中的杂质导致的。未来，可借助学校特色校本课程等形式，利用本地大学化学实验室等资源，采用仪器分析技术对海带灰浸取液成分进行进一步检验，以排除杂质的干扰。

点评

本实验是基于"海带提碘"真实问题情境的项目式教学，利用氧化还原传感器对"海带提碘"的条件进行探究，最终得出了"海带提碘"的最优实验条件。实验设计具有创新性、可推广性和科学性，值得借鉴。

具体亮点和建议如下：

1. 亮点

（1）以经典的"海带提碘"真实问题情境为载体，通过项目式逐步解决 3 个核心问题，层层推进教学，教学设计逻辑清晰、严谨。教学过程中学生自主设计方案、查阅文献、进行实验、观察记录并解释实验现象，归纳总结得出最优条件，充分尊重了学生的主体地位，有助于培养学生的实验设计创新意识、有效信息获取能力和证据推理能力。在具体实施过程中教师善于抓住课堂上的生成性问题并及时解决，对课堂上尚未解决的问题进行反思并提出后期解决方案。

（2）在仪器选择上具有创新性，引入氧化还原传感器这一可视化表征工具，使实验现象更加直观。在试剂选择上具有科学性，根据氧化还原传感器所获得的数据确定氧化剂；设置浓度梯度实验确定氧化剂适宜pH范围；引入了缓冲溶液维持pH范围的稳定。

（3）在实验数据方面，呈现方式上以表格形式呈现，规范且直观明了。将实验数据与文献数据进行对比，进行可信度检验，更加严谨。

2.建议

（1）在实际教学过程中可依据实际学情，合理分配时间。也可通过增加课外探究或部分学生参与的研究性学习项目，与课堂教学内容相互补充。

（2）在普通高中教学过程中，学生进行专业文献检索的机会较少。对于文献检索的具体操作方法、检索结果的筛选、文献阅读都需要投入较长的时间。教师在平时教学过程中就要有意识地进行简单的培训，对于较为复杂的文献查阅和检索过程，可以在教师的指导下进行，提升检索有效性。同时培养学生的文献检索能力，也是对学生探究意识提升、自学习惯养成的重要途径。但在高中阶段如何避免学生因检索的"误入歧途"而占用太多时间，高中生简单文献检索的实操熟练程度等实际问题都还需要教师们在一线教学中去摸索实践。

案例 8　基于色度传感器探究影响化学反应速率的因素

西安交通大学附属中学　　张瑶

 使用教材

人民教育出版社，普通高中教科书·化学选择性必修 1 化学反应原理，第二章化学反应速率与化学平衡，第一节化学反应速率。

 实验器材

试管、量筒、胶头滴管、移液管、温度计、烧杯、药匙、恒温水浴锅、色度传感器、导线、数据采集器、笔记本电脑、数字化系统软件、0.01 mol/L $KMnO_4$ 酸性溶液、0.1 mol/L $H_2C_2O_4$ 溶液、0.2 mol/L $H_2C_2O_4$ 溶液、$MnSO_4$ 固体、热水、蒸馏水。

三 实验创新要点

1. 自主化：通过任务驱动，学生自主设计实验方案并实施，体现学生的主体地位。

2. 数字化：运用手持技术有助于学生学习方式的转变，手持技术的应用转变了学生的探究思路，让学生"看到"反应速率的变化，还可以判断多因素影响的结果。

3. 一体化：系统性的创新实验，用同一套实验装置、同一批实验药品就可以解决，操作简单，现象明显，逻辑清晰。

4. 素养化：本节课的实验教学环节，通过设计"对照实验—动手实验—交流分享—互相评价"，强化控制变量思想，使学生掌握定性、定量实验方案选择等科学研究方法，进一步发展了学生的学科核心素养。

四　实验原理

1. 实验反应：$2KMnO_4 + 5H_2C_2O_4 + 3H_2SO_4 \overline{} K_2SO_4 + 2MnSO_4 + 10CO_2\uparrow + 8H_2O$

2. 控制变量法：控制变量法是指根据研究需要，运用一定手段主动干预或控制事物发展的过程，在特定观察条件下探索客观规律的一种方法。在化学实验教学中运用控制变量法研究问题的方法是在进行化学实验时，若该实验受到多个因素的影响，先把其他因素控制起来，使它们保持不变，仅改变一个因素，把多因素转变为单因素对该实验的影响，然后再依次逐一改变其他因素进行实验，最后通过对比、归纳、总结得出研究结论。

3. Mn^{2+} 催化作用：化学反应 $2MnO_4^- + 5C_2O_4^{2-} + 16H^+ \overline{} 2Mn^{2+} + 10CO_2\uparrow + 8H_2O$ 是一个典型的自催化反应，反应开始时需要考虑 MnO_4^- 与 Mn^{2+} 的反应，一般认为自催化是由 Mn^{2+} 引起的。

4. 色度传感器的使用介绍：通过色度传感器和数据采集器测定溶液透光率的变化，记录反应所需的时间，确定反应的快慢。色度传感器是一种通过对光的吸收比例来测量溶液浓度的传感器，溶液浓度越大，透光率越小。

五　实验教学目标

1. 自主设计实验方案，探究浓度、温度、催化剂对化学反应速率的影响。

2.讨论并归纳浓度、压强、催化剂对化学反应速率的影响规律。

3.通过分析定量实验图像，提高识图能力，培养从图像中挖掘化学信息的能力。构建"宏—微—符—图"的立体认知模型。

4.根据探究目的设计并优化实验方案，掌握应用控制变量法、定性和定量实验方案选择原则等科学研究方法。

六 实验教学内容

1.学生自主设计一体化实验方案探究浓度、温度、催化剂对化学反应速率的影响，体会控制变量思想。

2.学生合作探究浓度、温度、催化剂对化学反应速率的影响，证据推理，获取知识认知。

3.数字化实验拓展，深入思考，探究浓度、温度、催化剂对化学反应速率的影响。

七 实验教学过程

【引入】学生和教师的生活实例展示。

【实验设计】根据"资料单"中"资料一"介绍的控制变量法，探究浓度、温度、催化剂任一条件的改变对化学反应速率的影响。小组讨论设计实验方案（见表1），确定变量因素及用量，实验器材：0.01 mol/L KMnO$_4$酸性溶液、0.1 mol/L H$_2$C$_2$O$_4$溶液、0.2 mol/L H$_2$C$_2$O$_4$溶液、MnSO$_4$固体、热水、150 mL 烧杯、小试管 6 个、药匙。

反应如下：$2KMnO_4+5H_2C_2O_4+3H_2SO_4 == K_2SO_4+2MnSO_4+10CO_2\uparrow +8H_2O$

表 1　设计方案表格

变量因素	自变量 1	自变量 2	自变量 3	自变量 4	因变量	实验目的
对照组						
实验组 1						
实验组 2						
实验组 3						

【课件展示】请带着以下问题设计实验方案：

1. 变量因素各是什么？

2. 因变量如何测定？

3. 如何保证反应物的量（浓度）是恒定的呢？是否需要加入水？

4. 加入 $MnSO_4$ 时，选择加入固体还是溶液？为什么？

5. 可能会有哪些无关变量的影响呢？

【学生活动】小组讨论，制订实验方案。

【方案展示】随机选取一组实验方案，拍照投屏至智慧黑板，小组代表分享实验设计思路。

【分析】控制变量法的应用及因变量选择的注意事项。比如在其他条件不变时，只改变其中一个变量，因变量以 $KMnO_4$ 溶液的褪色时间来判断反应速率的快慢。褪色时间越短，反应速率越快，反之，则反应速率越慢。

【提问】1. 是否可以在反应结束前通过控制一定的时间，判断 $KMnO_4$ 溶液褪色的程度？与褪色时间作为因变量哪种方案更优？为什么？

2. 若以一定时间内收集 CO_2 的体积或者收集一定体积的 CO_2 所需的时间作为因变量是否可行呢？

【回答】学生 1：可以，前者更优，因为褪色程度肉眼辨别困难，而观察褪色更为准确，记录的褪色时间也易于比较。

学生 2：均可以，但 CO_2 是否便于收集有待探究。

【实验探究】小组合理分工，动手探究实验，观察并记录实验现象，与同伴讨论分析，得出实验结论。

【小组分享】小组代表分享实验现象和结论。其他条件不变时，浓度增大、温度升高、加入催化剂，所需褪色时间比对照组所需褪色时间短。故其他条件不变时，浓度增大、温度升高、加入催化剂均能加快化学反应速率。

【提问】1. 如何保证反应物的量（浓度）是恒定的呢？是否需要加入水？

2. 加入 $MnSO_4$ 时，选择加入固体还是溶液？为什么？

3. 可能会有哪些无关变量的影响呢？

【回答】学生 1：要保证对照组中反应物的浓度相同，则需要保证加入的反应物的体积相同，并在加入其他反应物后的总体积相同。

学生 2：加入 $MnSO_4$ 固体，减小对总体积的影响，避免造成反应物浓度的变化。

学生 3：（1）实验时是否振荡试管，会对褪色时间测量造成误差。

（2）采用胶头滴管定量取试剂时存在着体积误差，同样会对测量结果造成误差。

【小结】学生经过充分的思考和讨论之后，得到的实验结果是一致的。即增大反应物的浓度，反应速率加快，升高温度，反应速率加快，加入正催化剂，化学反应速率加快。

【过渡】兴趣小组在课前也设计了实验方案，依据实验方案，通过数字化手持技术中的色度传感器，分别测定对照组及实验组中自变量——浓度、温度、催化剂的任一改变对于 $KMnO_4$ 溶液的透光率—时间曲线（见图 1）。通过读图可得到透光率接近 100% 时所消耗的时间，数据见表 2。学生观察图像并小组讨论能从图像中得到哪些信息。

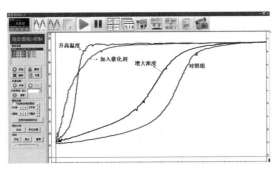

图 1　对照组和三组实验组的透光率—时间曲线

表 2　实验设计方案及实验结果数据表

变量因素	自变量1 0.01mol/L KMnO₄酸性溶液的体积 / mL	自变量2 2mL H₂C₂O₄溶液的浓度 / (mol·L⁻¹)	自变量3 温度 /℃	自变量4 催化剂固体 MnSO₄的质量 /g	因变量 褪色时间 /s	实验目的
对照组	2	0.1	20	0	98	对照实验
实验组1	2	0.2	20	0	80	增大反应物浓度
实验组2	2	0.1	50	0	20	升高温度
实验组3	2	0.1	20	0.01	50	加入催化剂

【学生活动】仔细观察图像，思考并与同伴讨论，随机选择小组代表公开分享讨论结果。

【小组分享】学生1：经过分析，温度改变时，曲线的斜率是先小后增大再减慢的，相比较催化剂改变的曲线，开始斜率大，后来减小。分析原因：此反应是生成催化剂 Mn^{2+} 的反应，随着反应的进行，反应物的浓度虽然减小了，但是因为生成 Mn^{2+}，催化剂的量逐渐增多了，催化剂的影响占主导因素，因此反应速率反而加快了，后来，因反应物的浓度减小的程度较大，浓度的影响占主导因素，反应速率减慢，因此曲线斜率减小；而只有催化剂改变的曲线，因最开始就加入催化剂，因此曲线的斜率开始就比较大，后来才减小。

学生 2：观察曲线斜率及褪色时间，可得出催化剂与温度对化学反应速率的影响程度较大。

【思考】理论上，透光率—时间图像应是一条光滑的曲线，但是实际测出来的曲线上有突起，这是为什么呢？

【学生】因为这个反应有气体 CO_2 生成，气泡会影响测试光线的透过，因此曲线上会有突起。

【学生】对照组先增后减的"S"形曲线是否是因为反应过程中放热，加快了反应速率呢？

【教师】请同学们课下继续设计实验进行探究。

【板书设计】

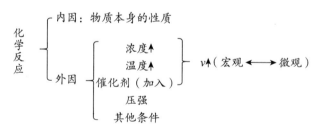

八　实验效果评价

1. 任务驱动学习小组分享、讨论，优化、评价并选择实验方案，方案科学合理。

2. 定性、定量的一体化实验探究，可操作性强，现象明显，操作简单，强化控制变量等科学研究的方法。

3. 手持技术应用的实验探究，科学严谨，实验曲线直观清晰，单一曲线和多曲线间对比分析可以多角度、全方位地呈现过程性信息，并能互相验证影响化学反应速率的因素。

4. 整个探究过程中提升了学生的科学探究、团队协作、思考质疑、挑战创新、综合分析问题的能力，并发展了学科核心素养。

点评

该实验探究浓度、温度、催化剂对化学反应速率的影响，借助传感器测定影响高锰酸钾和草酸反应速率的多种因素，达成建立"宏—微—符—图"的立体认知模型；实验设计有创新性、实用性，值得借鉴。

具体亮点和建议如下：

1. 亮点

（1）该实验教学目标紧扣课标、教材和学情，表述明确具体，实验内容符合目标要求。

（2）该实验教学设计方案以学生为中心，注重学生的最近发展区，教师以系列问题搭建思维进阶的脚手架，由学生自主设计实验探究影响高锰酸钾和草酸反应速率的因素，发展学生的探究能力和增强合作意识。在构建学生定性实验认知的基础上，拓展引入色度传感器构建定量实验图像，进行定量的一体化实验探究，培养学生识图、析图和逻辑推理能力；学生由定性的实验现象分析到定量的单一曲线和多曲线图像分析，层层递进，有效促进学生认知的发展和学科核心素养的落实，有创新性。

（3）该实验数据呈现方式恰当巧妙，由控制变量的试管定性实验现象到色度传感器定量多曲线图，全面培养学生识图、析图和逻辑推理能力，效果较好，能验证预期猜想。

（4）从教学过程的呈现上看，该实验教学以教师为主导，以学生为主体，注重启发式、探究式教学，注重控制变量意识的培养，重难点突出，语言表达清晰，有实验反思。学生积极参与实验设计，并针对具体的实验主动思考，提出新的问题，为推动学生创新思维发展奠定良好的基础。

2. 建议

在教学设计案例中未能以文字呈现教师在学生分析实验结果时候的引导过程。由于学生分析实验结果及异常情况对学生的综合应用思维要求较高，在借鉴该实验教学模式时，建议细化该环节，对学生的分析过程提出多维度预设，合理引导以激发学生高阶思维，增强学生严谨的科学研究意识。

案例 9　数字化探究影响化学反应速率和平衡移动的因素系列实验

中山市华侨中学　林晓霞

 使用教材

人民教育出版社，普通高中教科书·化学必修第二册，第六章化学反应与能量，第二节化学反应速率与限度；选择性必修 1，第二章化学反应速率与化学平衡，第一节化学反应速率、第二节化学平衡。

 实验器材

注射器、手持传感器、导线、胶带、数据采集器、笔记本电脑、三通阀、数字化系统软件、U 形卡扣、1 mol/L H_2SO_4、4 mol/L H_2SO_4。

三 **实验创新要点**

1. 硬件与技术创新

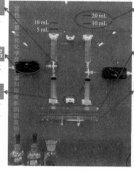

硬件创新点1 三通阀
通过三通阀的转动连接不同实验装置部位，分别进行定性、定量、图像探究。

硬件创新点2 手持传感器
实时图像反馈，直观获得细微实验变化，准确得到实验结论。

硬件创新点3 U形卡扣
可根据实验需求增加/减少/替换反应装置，满足不同实验的需求，减少实验准备时间。

技术创新点1 定量凹槽
一步操作，防止手部抖动引起压强变化，确保现象变化准确。

技术创新点2 凹槽板
单人同时启动装置，减少人为操作误差，提高实验结论准确性。

技术创新点3 硬性塑料挡板
防止注射器体积因气体的产生发生变化，确保压强变化准确。

图 1

2. 观念与应用创新

（1）改演示实验为学生实验，切实培养学生实验素养。

（2）兼具实验推广性与地区推广性，渗透教育信息化。

（3）让教学不受制于实验，而是实验服务于教学，并在教学中育人素养。

四 **实验原理**

1. 转动三通阀，连接上下注射器，利用凹槽板将注射器活塞拉至硬性塑料挡板处（控制注射器体积保持不变，确保压强变化准确）。

2. 转动三通阀，连接下方注射器与手持传感器，电脑实时测得压强—时间曲线。

3. 定性比较下方注射器中气泡产生速率快慢；根据图像，任取同一时刻的压强值，得知压强变化，定量计算化学反应速率；对比分析压强—时间图像的斜率。

五 实验教学目标

1. 通过探究过程，体验浓度、温度、催化剂对化学反应速率的影响，体会压强、温度、浓度对化学平衡移动的影响。强化对改变反应条件可以调控化学反应速率和化学平衡的理解。

2. 能多角度、动态地探究并分析影响化学反应速率和化学平衡移动的因素。

3. 提升数字化、定量、图像探究的实验能力，强化控制变量、对照实验、图像分析等科学方法。

六 实验教学内容

1. 学生自主设计一体化实验方案探究浓度、温度、催化剂对化学反应速率的影响，体会控制变量思想。

2. 学生合作探究浓度、温度、催化剂对化学反应速率的影响，证据推理，获取知识认知。

3. 数字化实验拓展，深入思考探究浓度、温度、催化剂对化学反应速率的影响。

七 实验教学过程

（一）探究影响化学反应速率的因素

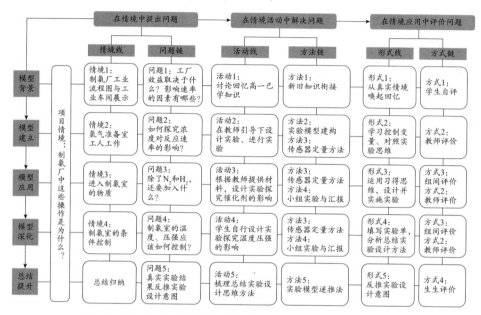

图 2 探究反应速率的影响因素"3×5"教学结构图（单课时）

（二）探究影响化学反应速率和平衡移动的因素

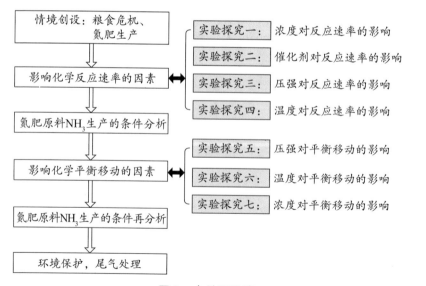

图 3 大单元思路

（三）具体实验教学过程

第一部分：创新实验——定性、定量、图像探究浓度对反应速率的影响

1. 教材位置

选择性必修 1 第二章第一节。

2. 教材实验分析

（1）实验仪器复杂，不便于组装，不利于分组实验——→一体化实验装置，简化操作

（2）药品用量大，危险不环保，不利于分组实验——→微型化实验装置，实现分组

（3）密封性不好，不容易控制压强，对比现象不明显——→借助医疗器械，提高密封性

（4）分两次操作，操作复杂、耗时长——→一体化实验装置，一次完成

（5）所得数据需换算，实验结果不直观——→结合手持技术，实时图像反馈

3. 实验实施

（1）基础版——定性探究浓度对反应速率的影响（见表 1）。

表 1

实验装置	实验操作	实验现象
	转动三通阀，连接上下注射器，利用凹槽板（单人同时操作，减少人为误差）同时拉下注射器活塞，将硫酸吸入锌中反应 定性：比较下方注射器中气泡产生速率快慢	

（2）进阶版——定性、定量探究浓度对反应速率的影响（见表 2）。

表 2

实验装置	实验操作	实验现象
	转动三通阀，连接上下注射器，利用凹槽板（单人同时操作，减少人为误差）同时拉下注射器活塞，将硫酸吸入锌中反应 定性：比较下方注射器中气泡产生速率快慢 定量：①测定相同时间内，上方注射器收集到气体的体积 ②测定上方注射器收集到相同刻度气体所需的时间	

（3）终极版——结合手持技术，定性、定量、图像测定浓度对反应速率的影响（见表3）。

表 3

实验装置	实验操作	实验现象
	①转动三通阀，连接上下注射器，利用凹槽板将注射器活塞拉至硬性塑料挡板处（控制注射器体积保持不变，确保压强变化准确） ②转动三通阀，连接下方注射器与手持传感器，电脑实时呈现压强—时间曲线 定性：比较下方注射器中气泡产生速率快慢 定量：根据图像，任取同一时刻的压强值，得知压强变化，计算化学反应速率 图像：对比分析压强—时间曲线的斜率	

4.改进亮点

集定性、定量、图像探究于一身，满足不同学校、不同实验条件的不同需求。具备手持技术条件的学校可引导学生分组数字化探究，渗透教育信息化；暂时不具备手持技术条件的学校，可只采用本实验中的注射器部分，组织学生分组进行定性、定量探究，培养学生多角度探究实验、控制变量、对照实验的实验思维，并由教师播放本改进装置配套数字化探究视频，与教育信息化接轨。

5.创新思维发散——学生实验拓展

定性、定量、图像探究强、弱电解质的电离程度（见图4）。

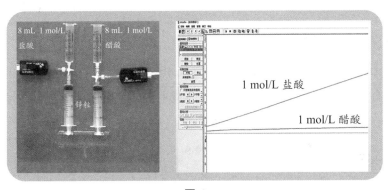

图4

思考：该实验可用于探究盐酸与醋酸的_____？

第二部分：创新实验拓展——数字化探究影响化学反应速率因素系列实验（浓度、温度、催化剂）

1.探究催化剂对化学反应速率的影响

分别在上方注射器中加入 5 mL 3% 过氧化氢溶液，在下方注射器中分别加入 5 mL 1mol/L $FeCl_3$ 溶液。转动三通阀，连接上下注射器，利用凹槽板同时拉下注射器活塞，将 H_2O_2 溶液吸入下方注射器中反应。

表 4

比较项目	5 mL H_2O_2 溶液 + 1 mL 0.1 mol/L $FeCl_3$ 溶液	5 mL H_2O_2 溶液 + 1 mL 蒸馏水	实验现象
定性比较方式	观察气泡产生的快慢		
定量比较方式	记录相同时间内产生气体的多少，或产生相同体积气体所需时间的长短		
图像直观表示方式	比较压强—时间曲线的斜率大小		

2. 探究温度对化学反应速率的影响

取两个大小相同的试管，各加入 2 mL 0.1 mol/L $Na_2S_2O_3$ 溶液，分别放入盛有冷水、热水的两个烧杯中，再同时向上述两支试管中加入 2 mL 0.1 mol/L H_2SO_4 溶液，振荡。

表 5

比较项目	0.1 mol/L $Na_2S_2O_3$ 溶液 + 0.1 mol/L H_2SO_4 溶液	0.1 mol/L $Na_2S_2O_3$ 溶液 + 0.1 mol/L H_2SO_4 溶液	实验现象
定性比较方式	比较浑浊产生的快慢		
定量比较方式	记录无法透过溶液看清试管壁上的标记所需的时间		
图像直观表示方式	将溶液转移入比色皿中，使用色度计传感器采集数据，比较透光率—时间曲线的斜率大小		

第三部分：创新实验二次开发——数字化探究影响化学平衡移动的因素（压强、温度、浓度）

1.教材位置

选择性必修 1 第二章第二节；选择性必修 1 第二章实验活动 1 探究影响化学平衡移动的因素。

2.教材实验分析

（1）NO_2 气体有毒，封装不易 ——→ 一体化实验装置，简化操作

（2）装置密封安全性不足，不适于分组 ——→ 一体化微型化装置，实现分组

（3）实验现象变化细微，难以观察 ——→ 结合手持技术，实时图像反馈

（4）未涉及尾气处理 ——→ 一体化装置，尾气密闭处理

（5）未能将压强实验与温度实验整合 ——→ 一体化装置，促进知识结构化

3.实验实施

（1）数字化探究压强对化学平衡移动的影响（见图 5）。

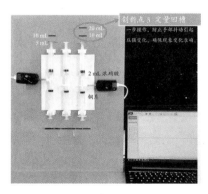

图 5

①实验操作。

a.制备 NO_2：旋转三通阀，连接上下注射器，将上方浓硝酸压入铜中

反应；

　　b.调整气体体积：调整上方注射器，各收集 10 mL 气体；

　　c.改变压强：将左边注射器的体积减小一半，压至 5 mL 卡槽，右边注射器体积增大一倍，拉至 20 mL 卡槽，观察压强对化学平衡移动的影响，电脑实时记录并呈现压强—时间曲线。

　　②实验现象（见图 6）。

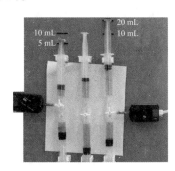

图 6　定性现象

　　③定性比较方式。

　　比较注射器压缩、扩大体积时气体颜色变化，与中间体积未变的对照实验注射器进行气体颜色对比。

　　④定量比较方式。

　　打开手机中取色器 App，识别减小或增大体积过程中的颜色变化（见图 7）。

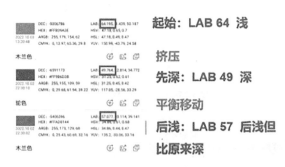

图 7　定量：手机 App 取色定量判断

⑤图像直观比较方式。

电脑记录并呈现压强—时间曲线（见图8），根据曲线变化，可直观得知缩小体积，增大压强，压强先增后减，平衡向气体体积减小的方向移动。增大体积，减小压强，压强先减后增，平衡向气体体积增大的方向移动。

图8　压强—时间曲线图像

⑥改进亮点。

a. NO$_2$微型密闭制备与尾气处理，绿色、安全、环保；

b. 一体化制备与探究，操作简便安全，可实现学生分组；

c. 借助医疗器械提高密封性，进而提高实验准确性和可重复性；

d. 结合手持技术，实时图像反馈，细微变化直观、可视化。

（2）实验创新整合——探究温度对化学平衡移动的影响。

在探究了压强对平衡移动的影响实验后，利用装置继续探究温度对平衡移动的影响。

①实验操作。

a. 固定体积：为防止温度变化带来气体的热胀冷缩，从而影响颜色的观察，我们将上方注射器的刻度固定在10 mL凹槽内。

b. 改变温度：左边注射器身上贴上热水袋，右边注射器身上贴上冰水袋，观察温度对化学平衡移动的影响。

②实验现象（见图9）。

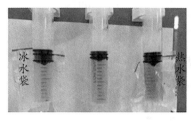

$$2NO_2(g) \underset{\text{吸热}}{\overset{\text{放热}}{\rightleftharpoons}} N_2O_4(g)$$
（红棕色）　　　　（无色）

图9

③实验结论。

结合方程式可得知：

当温度降低时，体系颜色变浅，说明平衡向着生成 N_2O_4 的方向，即放热方向移动；

当温度升高时，体系颜色变深，说明平衡向着生成 NO_2 的方向，即吸热方向移动。

可得出结论：温度升高，平衡向吸热方向移动；反之，温度降低，平衡向放热方向移动。

（3）实验延伸——探究浓度对反应速率的影响。

表6

实验装置	实验操作	实验现象
	①加入试剂 ②改变浓度 旋转三通阀，将上方溶液注入下方重铬酸钾溶液中，观察颜色变化，与中间空白实验进行对比	

第四部分：尾气密闭处理——绿水青山就是金山银山，把安全作为第一要务

将装有 NaOH 溶液的注射器接入三通阀，往上下注射器中注入 NaOH 溶液。

 密闭处理 NO_2 尾气 →
安全，防止学生中毒；
环保，防止污染空气

图 10

八 实验效果评价

1.改演示实验为学生实验，切实培养学生实验素养

改进后实验一体化、微型化、便捷化，可尝试由教师演示改为学生自主操作实验。

2.落实新课改的要求，培养新时代人才核心素养

改进后可实现一体化定性、定量、图像、数字化多角度探究，落实新课改对化学实验的要求，响应新时代人才素养培养的要求。

3.兼具实验推广性与地区推广性，渗透教育信息化

一套装置多个系列实验，具有实验推广性。集定性、定量、图像探究于一身，满足不同学校不同实验条件的不同需求。

教学不应受制于实验，而是实验服务于教学，并在教学中育人素养。

点评

本实验是数字化探究影响化学反应速率和化学平衡移动的因素系列实验，分别从四个方面进行探究：1.定性、定量、图像探究浓度对反应速率的影响（创新实验）；2.数字化探究影响化学反应速率的因素系列实验（创新实验拓展）；3.数字化探究影响化学平衡移动的因素系列实验（创新实验二次开发）；4.尾气处理。切实通过实际工业生产深挖模型背景，构建模型、应用模型、深化模型，着力全面提升学生提出问题、提炼问题、解决问题、深度思考问题的能力，将影响化学反应速率和平衡移动的因素系列实验有效结合，取得良好的教学效果。

具体亮点和建议如下：

1.亮点

（1）该实验涉及的内容涵盖必修及选择性必修内容，内容较多但层次分明、设计思路清晰，在不同学习阶段设计不同层级的问题、情境驱动，逐渐推进教学；教学中可根据学情调控选择实验内容。仪器选择结合手持技术，实时图像反馈，让细微变化直观、可视化，同时选择注射器等仪器让实验接地气，有创新性、实用性。

（2）该实验设计创新点在装置上。一套装置，同时实现温度、浓度、压强对反应速率的影响因素探究，并在微型化、绿色化、可视化、定量化等方面较好的呈现效果。尤其对于需要进行对比的实验组更易观察。新装置的选材较易获得，可复制性强，易于推广。

（3）实验教学实施过程重视学生动手能力、思维形成、总结能力的提升。以浓度对反应速率的影响为载体，形成定性探究浓度对反应速率的影响到定性、定量探究浓度对反应速率的影响，最后到结合手持技术，定性、定量、图像测定浓度对反应速率的影响的思维进阶。

符合学生学习认知的一般规律，高度契合《课程标准》以及高考评价体系要求。

（4）通过"探究浓度对反应速率的影响"探究模型建构，进一步落实学生应用模型解决实际问题能力。学生自主探究催化剂、温度、压强对反应速率的影响，尤其是设计实验、分析实验现象及数据，对比数据图像的能力有更大帮助。利用对比观察，数据计算分析，数字化设备，让探究过程手段更丰富、分析维度更多元、所得结果更严谨。

（5）本实验案例运用大单元教学设计思路，将必修及选择性必修内容链接起来，注重知识的有机整合。围绕影响化学反应速率和平衡移动的因素，内容设计循序渐进，帮助学生形成可迁移的专家思维，本质上尊重了学生在学习上的主体地位。

2.建议

（1）在具体实操过程中，结合实际学情，酌情考虑将探究任务（整体分解或部分分解）分发给学生探究小组。由学生讨论设计探究实验具体方案，教师点评后完善，具体实施，结果分析后汇报。让不同层次的学生有机会参与更多的自主过程，体验科学探究的成就感。

（2）在大单元教学设计时，可进行不同的课时分配设计方案，供更多教师选择，让本实验探究案例更具推广性。

案例 10　以 Fe^{3+} 催化过氧化氢分解机理为例的项目式学习

贵州省实验中学　罗明勋

使用教材

人民教育出版社，普通高中教科书·化学选择性必修 1 化学反应原理，第二章化学反应速率与化学平衡，第一节化学反应速率。

实验器材

烧杯、试管、胶头滴管、量筒、试管架、药匙、pH 传感器及计算机（含配套软件）、30% 的过氧化氢溶液、1 mol/L 的 $FeCl_3$ 溶液（盐酸酸化）、铁氰化钾溶液、MnO_2 粉末、蒸馏水。

三 实验创新要点

实验教学是养成学生化学学科核心素养的必要手段，本次实验创新着眼于提升学生微观探析、模型认知等方面的素养，并培养学生善于创新、注重绿色环保等思想。本实验设计的创新点主要有以下四个方面（两个基于、两个重视）。

1. 基于学生的问题：学生对催化剂的有关概念及其工作原理存在困惑，

教师通过引导学生设计实验来探究催化剂的反应机理。

2. 基于项目式的学习：充分调动学生已有的化学知识，体验在实验过程中观察→猜想→实验→分析结论的过程。

3. 重视学生活动：引导学生自主思考、设计并进行实验。

4. 重视数字实验的应用：应用前沿、较为精确的手持技术，使实验过程更高效、准确；培养学生关注实验数据的意识，能够从实验数据中获取可信结论。

四 实验原理

催化剂能加快反应速率，是因为它能改变反应的路径，使发生反应所需的活化能降低，体系中的活化分子百分数提高。

$FeCl_3$ 溶液能够催化 H_2O_2 的分解，事实上是 Fe^{3+} 参与了 H_2O_2 的分解过程：Fe^{3+} 首先将 H_2O_2 氧化为 O_2 并产生 H^+，而自身被还原为 Fe^{2+}；然后 Fe^{2+} 又在酸性环境中与 H_2O_2 反应重新生成 Fe^{3+}，H_2O_2 分解的反应路径被改变。本实验用铁氰化钾对中间体 Fe^{2+} 进行检验，再使用数字传感器监测反应过程中溶液 pH 的变化，从而完善 Fe^{3+} 催化 H_2O_2 分解的机理。

五 实验教学目标

1. 通过实验体验催化剂能够加快化学反应速率。

2. 通过实验探究 Fe^{3+} 对过氧化氢分解催化的机理，测定不同催化剂下反应路径的改变是否对化学反应的反应热造成改变，完善过氧化氢分解的能量变化图像。

3. 通过实验仪器、实验试剂的研究改进，促使学生领会研究化学问题的方法。

六 实验教学内容

1. 提出问题：催化剂是否参与了化学反应？催化剂如何改变化学反应的历程？

2. 采用项目式学习的理念，基于学生存在的问题，鼓励学生提出问题并设计实验探究来解决问题。学生合作探究催化剂的催化机理，通过实验获取证据，形成对催化剂催化机理的认知模型。

七 实验教学过程

环节一：问题的提出，催化剂之惑

1. 回顾、整理。

回顾初中化学对催化剂的定义：在化学反应里能改变其他物质的化学反应速率，且本身的质量和化学性质在反应前后都没有发生变化的物质叫催化剂（固体催化剂也叫触媒）。

高中化学选择性必修 1 对于催化剂的工作原理有进一步的阐述：催化剂可以改变反应的历程，改变反应的活化能。

2. 设问：催化剂是否参与了化学反应？催化剂如何改变化学反应的历程？

3. 演示实验。

（1）展示质量分数为 30% 的过氧化氢溶液。

（2）取 20 mL 过氧化氢溶液，向其中加入少量（约半药匙）MnO_2 固体粉末。

（3）取 20 mL 过氧化氢溶液，向其中加入 5 mL $FeCl_3$ 溶液。

实验现象：$FeCl_3$ 溶液的颜色由黄色立即转变为蓝紫色，溶液中产生气泡并且速率逐渐加快，当不再产生气泡时溶液恢复黄色。

猜想一：催化剂参与了化学反应，Fe^{3+} 可能被还原为了低价态的 Fe^{2+}，也可能被氧化成了高价态的未知离子。

猜想二：过氧化氢的分解是分步骤进行的，催化剂通过参与反应而改变了反应的历程。

环节二：追踪中间体，检验二价铁

1. 实验设计一，如图 1 所示。

图 1 分别向实验前、实验中、实验后的试管中加入铁氰化钾

步骤 1：向烧杯中加入 30 mL 1 mol/L 的 $FeCl_3$ 溶液；取少量该溶液加入试管①中，滴加铁氰化钾溶液。

步骤 2：向烧杯中加入 5 mL 15% 的过氧化氢溶液，待溶液变色，立即取少量溶液加入试管②中，滴加铁氰化钾溶液。

步骤 3：待烧杯的溶液中不再有气泡产生，取少量溶液加入试管③中，滴加铁氰化钾溶液。

观察三支试管中溶液颜色的变化情况。

2. 实验现象：试管①中不产生蓝色沉淀，试管②中产生蓝色沉淀，反应结束后试管③中无蓝色沉淀。

3. 实验结论：加入 Fe^{3+} 作为催化剂后，过氧化氢的分解是分两步进行的，Fe^{2+} 是催化反应过程中的中间体。

猜想三：根据氧化还原反应的理论，用离子方程式分两步表示过氧化氢的分解过程如下。

第一步：$2Fe^{3+}+H_2O_2 \rightarrow 2Fe^{2+}+O_2\uparrow +2H^+$

第二步：$2Fe^{2+}+H_2O_2+2H^+ \rightarrow 2Fe^{3+}+2H_2O$

可以进一步设计实验来检测反应过程中溶液 pH 的变化，确认反应过程中是否有 H^+ 生成。

环节三：完善催化机理，关注 pH 的变化

1.实验设计二，如图 2 所示。

步骤 1：向烧杯中加入 30 mL 1 mol/L 的 $FeCl_3$ 溶液，将 pH 传感器置于溶液中，记录初始 pH。

步骤 2：分别向烧杯中加入 3 mL、5 mL、7 mL 10% 的过氧化氢溶液，每间隔 30 s 记录一次 pH，直至 pH 不再改变。

步骤 3：数据处理和分析。

图 2　采用冷水浴的方式减小温度对溶液 pH 变化的影响

经过多次实验，选取三组学生记录的实验数据，如表 1 所示。

表 1　分组实验中各溶液 pH 随时间的变化

时间 /s	第一组	第二组	第三组
0	1.35	1.35	1.35
30	1.21	1.15	1.11
60	1.08	1.04	0.99
90	0.93	0.91	0.89

续表

时间 /s	第一组	第二组	第三组
120	0.91	0.86	0.81
150	0.93	0.91	0.85
180	0.98	0.96	0.90
210	1.03	1.00	0.95
240	1.07	1.04	0.99
270	1.10	1.08	1.03
300	1.13	1.11	1.07
330	1.16	1.14	1.11
360	1.19	1.17	1.15
390	1.21	1.20	1.19
420	1.23	1.22	1.20
450	1.25	1.24	1.21
最终	1.35	1.37	1.38

结论 1：三组实验中溶液的 pH 均先减小，后增大，最终恢复到初始数值。表明 H^+ 是反应的中间体。

结论 2：加入的过氧化氢的体积越大，则反应速率会加快，pH 下降得也越多。表明过氧化氢越多，反应生成的 H^+ 浓度越大。

2. 总结

（1）催化剂参加反应。Fe^{3+} 作为催化剂，既是反应物，也是生成物；Fe^{2+} 和 H^+ 是中间体。

（2）反应机理如下。

第一步：$2Fe^{3+}+H_2O_2 = 2Fe^{2+}+O_2 \uparrow +2H^+$

第二步：$2Fe^{2+}+H_2O_2+2H^+ = 2Fe^{3+}+2H_2O$

总反应：$2H_2O_2 = 2H_2O+O_2 \uparrow$

（3）不同催化剂（Fe^{3+} 和 MnO_2）决定了不同的反应历程，其催化效率也不同。

八 实验效果评价

本实验过程能够较好地证明催化剂能够通过参加化学反应改变原化学反应的历程。通过向中间反应液中滴加铁氰化钾溶液证明反应过程中 Fe^{3+} 转变成了 Fe^{2+}，且在反应结束后恢复为 Fe^{3+}，即说明该分解过程包含两个步骤。进而教师引导学生关注反应过程中溶液 pH 的变化，用 pH 传感器来检测 pH 的变化，完善了催化机理。

实验过程中仍有一些困难，比如环节一中必须等待过氧化氢充分分解之后 Fe^{3+} 才能恢复，配制氯化铁溶液时若加酸过多，则不利于催化过氧化氢的分解。学生对于 pH 传感器的了解非常有限，在实验操作和数据记录过程中经过多次的失败才取得了成功。此外，作为一次项目式学习的实验教学，要求学生具备较高的化学学科素养，才能充分调动已有的化学知识对实验现象、实验数据进行有效分析，并制订合理的方案。

总体来说，在这次项目式学习的过程中教师和学生都有很大的收获。对于事物真理的好奇心驱使师生们不断探索和尝试，实验的失败也不断促使学生改进自己的方案，最终获得了丰硕的成果。

点评

项目式学习从真实的问题出发，开展深度的体验和探究活动，提升了学生对催化剂催化机理的理解，也提升了复杂问题的解决能力，锻炼学生思维品质，培养探究能力及创新精神。

具体亮点和建议如下：

1. 亮点

（1）实验教学目标围绕教材和课标，具体、明确，符合学生认知发展，指向深度学习。学情把握精准，对催化剂的概念有螺旋上升的表述，体现了学生学习的进阶过程，问题描述清楚，准确表达学生存在的困惑，为研究做好铺垫。

（2）以熟悉的 H_2O_2 分解为实验载体，分析催化机理，催化过程实际上存在若干中间反应，生成若干中间体，纠正催化剂不参与反应的错误理解，更大程度拓展学生思维广度和深度，对以后的思维方式提供典范。

（3）教学设计有理有据，原理阐述清楚，狠抓学生"痛点"，并能引导学生找到解决方案，继而实施实验探究，数据分析和处理具有严谨性、科学性。

（4）整个实验教学过程中，能够充分调动学生已有的化学知识，用已有知识解决问题，并不断生成新问题，逐渐让学生形成自主思考的习惯，完美地展现了项目式教学的四个关键点：问题在真实情境中萌生、知识在探究中构建、问题在深度学习中解决、成果在展示评价中表达。

2. 建议

项目式学习的四个核心要素包含问题、情境、活动、结果。本实验教学案例中，以学生三组实验获得结论为项目式学习的结尾略显不足，可看作是实验活动中获得结果环节。学生在项目式学习中的收获最好是以具体成果形式展示，如思维导图、手工、论文等。教学实践过程中可在最后环节鼓励学生总结成果，并展示出来，使学习的过程更完善。

案例 11　醋酸电离平衡随温度的变化

湖南省长沙市第一中学　江明郡

 使用教材

人民教育出版社，普通高中教科书·化学选择性必修 1 化学反应原理，第三章水溶液中的离子反应与平衡，第一节电离平衡。

二　实验器材

pH 计、恒温水槽，5 mL 移液管、小烧杯、100 mL 容量瓶、玻璃棒、重蒸馏水、醋酸溶液（1 mol/L，已经标定准确浓度）。

三　实验创新要点

1. 利用探究性实验验证已有知识，串联已有知识进行分析。

2. 一次实验数据多次应用，充分发掘实验的潜能。

3. 实时生成所需数据和对应图像，数形结合进行具象化分析。

四 实验原理

醋酸的电离程度有多个衡量指标，如可以用电离平衡常数、电离度，对于等浓度的醋酸溶液，还可以用 pH 衡量。由于电离平衡常数的测定需要非常精密的条件，且一定温度范围内其数值随着温度的变化并不明显，容易存在较大误差。因此在本实验中使用 pH 和电离度来表示醋酸的电离程度，并用 pH 和电离度的相对大小来评价平衡的移动方向。

本实验用 pH 计测定不同温度、不同浓度的醋酸溶液的 pH，由于涉及的数据较多，因此采用绘制 pH-T 图来对比醋酸的电离程度随温度的变化。

五 实验教学目标

1. 通过初步测定醋酸的电离平衡常数，分析平衡常数随温度的变化趋势，引导学生提出问题，发展质疑精神。

2. 联系已有知识分析实验结果，发展学生的证据推理能力。

3. 设计实验验证自己的猜想，发展学生的实验探究能力和创新精神。

4. 通过对两次实验数据的综合分析得到结论，打破理论和实践的壁垒，发展学生辩证认识的能力。

5. 通过实验数据与图像的转化发展学生数形结合的思想。

六 实验教学内容

用 pH 计测定不同温度、不同浓度的醋酸溶液的 pH，并绘制对应的 pH-T、α-T 曲线。

七 实验教学过程

课堂上教师总结规律：一般情况下，"越热越电离，越稀越电离"。弱电解质的电离平衡随温度的升高向正向移动且电离度增大。提出问题：这个结论是否适用于所有的情况呢？可否用实验验证呢？

（一）实验验证一：醋酸溶液 pH 的测定

1. 测定不同温度下 1.0 mol/L 醋酸溶液的平衡常数——pH 计法

测定 1.0 mol/L 醋酸溶液在不同温度（用恒温箱）下的 pH，将数据填入表 1 中，并即时生成对应的数据图像（见图 1），使实验数据直观化。

表 1 学生第一次实验数据

温度 /℃	pH	$c(H^+)/(mol \cdot L^{-1})$	$c(Ac^-)/(mol \cdot L^{-1})$	α
10	2.81	0.001549	0.001549	0.15%
12	2.79	0.001622	0.001622	0.16%
14	2.71	0.00195	0.00195	0.20%
16	2.70	0.001995	0.001995	0.20%
18	2.69	0.002042	0.002042	0.20%
20	2.68	0.002089	0.002089	0.21%
22	2.65	0.002239	0.002239	0.22%
23	2.65	0.002239	0.002239	0.22%
24	2.64	0.002291	0.002291	0.23%
25	2.63	0.002344	0.002344	0.23%
26	2.63	0.002344	0.002344	0.23%
27	2.62	0.002399	0.002399	0.24%
28	2.63	0.002344	0.002344	0.23%

续表

温度 /℃	pH	$\dot{c}(H^+)/(mol \cdot L^{-1})$	$c(Ac^-)/(mol \cdot L^{-1})$	α
29	2.68	0.002089	0.002089	0.21%
30	2.68	0.002089	0.002089	0.21%
31	2.69	0.002042	0.002042	0.20%
32	2.70	0.001995	0.001995	0.20%
33	2.70	0.001995	0.001995	0.20%
34	2.70	0.001995	0.001995	0.20%
35	2.71	0.00195	0.00195	0.20%
36	2.71	0.00195	0.00195	0.20%
37	2.71	0.00195	0.00195	0.20%
38	2.73	0.001862	0.001862	0.19%
39	2.75	0.001778	0.001778	0.18%
40	2.77	0.001698	0.001698	0.17%
41	2.78	0.00166	0.00166	0.17%
42	2.79	0.001622	0.001622	0.16%
43	2.80	0.001585	0.001585	0.16%
44	2.81	0.001549	0.001549	0.15%
45	2.82	0.001514	0.001514	0.15%

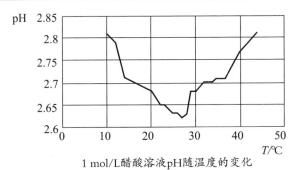

1 mol/L醋酸溶液pH随温度的变化

图1 学生第一次实验数据图像

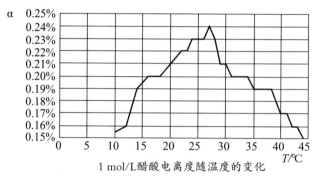

图1 学生第一次实验数据图像（续）

由图1可以发现，醋酸的电离度随温度的变化分为3段：①随温度的上升，电离度增大，平衡常数增大；②在某一温度区间曲线相对平坦，基本不随温度变化；③随温度的上升，电离度减小，平衡常数减小。

2. 推理猜想

根据原有结论，在只考虑分子内部的共价键时，电离是一个断键吸热的过程，联系已有知识：①氯化钠在水中电离的过程是断裂钠离子和氯离子间的离子键，并形成水合钠离子和水合氯离子的过程；②N、O、F原子与H原子间易形成氢键。推理得出：

（1）醋酸分子的电离并不是单纯断键形成离子的过程，形成水合离子的过程是成键放热的过程，醋酸分子的电离不一定是一个放热过程。

（2）氢键的断裂也需要吸收热量，但氢键断裂所需要吸收的热量受到温度和浓度的影响。温度越高，分子间存在的氢键越少，断裂所需热量越少，此吸热过程对于总过程的影响越小。

3. 寻找依据

（1）不同温度下醋酸分子电离的焓变（见表2）。

表2 不同温度下醋酸分子电离的焓变

温度 /℃	绝对温度 /K	ΔH/kJ·mol^{-1}
5	278	+2.75
15	288	+1.15

续表

温度 /℃	绝对温度 /K	$\triangle H/kJ \cdot mol^{-1}$
25	298	−0.573
35	308	−1.80
45	318	−2.81
55	328	−3.77

（2）醋酸的氢键键能 20.29 kJ/mol。

文献：醋酸的电离平衡常数随温度的变化分为三段（见图 2）

$T/℃$	醋酸的电离平衡常数（K_a）$/ \times 10^{-5}$
10	1.729
20	1.753
30	1.750
40	1.703
50	1.633

图 2　醋酸分子在不同温度下的电离平衡常数

（3）初步推论。

当温度较低时，醋酸分子间形成大量氢键，醋酸分子的电离是一个吸热过程，此时电离平衡常数随温度的升高而增大。

当温度逐渐升高，醋酸分子的电离过程变为放热过程，分子间的氢键逐渐减少，因此，整个过程吸收和放出的热量基本相互抵消，电离平衡常数随温度的变化不明显。

当温度继续升高，醋酸分子间的氢键由于高温而基本断裂，整个过程的热效应取决于醋酸分子电离的热效应，此时为放热过程，因此电离平衡常数随温度升高而下降。

（二）实验验证二

1. 实验步骤

（1）测定 0.1 mol/L 醋酸溶液在不同温度下的 pH（填入表 3）。

（2）计算解离度，绘出曲线（见图 3）。

表 3　学生第二次实验数据

T/℃	pH	$c(H^+)/(mol \cdot L^{-1})$	$c(Ac^-)/(mol \cdot L^{-1})$	α
10	2.70	0.001995	0.001995	2.00%
12	2.56	0.002754	0.002754	2.75%
14	2.55	0.002818	0.002818	2.82%
16	2.55	0.002818	0.002818	2.82%
18	2.54	0.002884	0.002884	2.88%
20	2.52	0.00302	0.00302	3.02%
22	2.52	0.00302	0.00302	3.02%
23	2.52	0.00302	0.00302	3.02%
24	2.52	0.00302	0.00302	3.02%
25	2.53	0.002951	0.002951	2.95%
26	2.55	0.002818	0.002818	2.82%
27	2.57	0.002692	0.002692	2.69%
28	2.58	0.00263	0.00263	2.63%
29	2.6	0.002512	0.002512	2.51%
30	2.61	0.002455	0.002455	2.46%
31	2.61	0.002455	0.002455	2.46%
32	2.62	0.002399	0.002399	2.40%
33	2.62	0.002399	0.002399	2.40%
34	2.64	0.002291	0.002291	2.29%

续表

$T/℃$	pH	$c(H^+)/(mol \cdot L^{-1})$	$c(Ac^-)/(mol \cdot L^{-1})$	α
35	2.66	0.002188	0.002188	2.19%
36	2.68	0.002089	0.002089	2.09%
37	2.69	0.002042	0.002042	2.04%
38	2.70	0.001995	0.001995	2.00%
39	2.71	0.00195	0.00195	1.95%
40	2.73	0.001862	0.001862	1.86%
41	2.75	0.001778	0.001778	1.78%
42	2.75	0.001778	0.001778	1.78%
43	2.76	0.001738	0.001738	1.74%
44	2.78	0.00166	0.00166	1.66%
45	2.79	0.001622	0.001622	1.62%

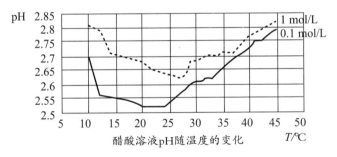

醋酸溶液pH随温度的变化

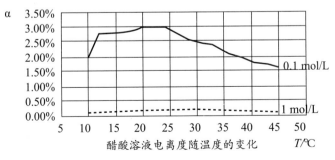

醋酸溶液电离度随温度的变化

图3 学生第二次实验数据图像

2. 验证结论

从图 3 可以看出，随着浓度的减小，pH-T 和 α-T 图左移，且两种图像都体现了随着温度的升高，相同浓度的醋酸溶液的电离度随着温度变化有先增大后减小的趋势。

（1）不同浓度的醋酸溶液的 pH 和电离度随温度的变化趋势相同，均是先随温度上升，电离程度上升、pH 下降，再出现一段对温度不敏感的区间，随后温度升高，平衡逆向移动，电离程度下降、pH 上升。

（2）随着醋酸溶液浓度下降，由于分子间形成了更少的氢键，氢键对于平衡移动的方向影响更小，因此相比于高浓度的醋酸溶液，低浓度醋酸溶液的电离平衡对于温度不敏感和下降的部分会提前出现。

（三）分析与讨论

一般情况下，在一定浓度和温度范围内，醋酸的电离平衡常数随温度的升高而上升，但由于电离本身的热效应和断裂氢键吸热两个因素的相互制约，会出现相反的变化。

分析教材中的理想情况和实际情况的差别。理想情况：只考虑分子内部的共价键断裂，认为电离均是吸热过程。实际情况：电离的过程还涉及分子间氢键的断裂和水合离子的形成，电离过程不全是吸热过程。

学生在实验结论与教材分析对比的过程中体会到：

1. 化学是一门以实验为基础的学科，用理论来解释实验结果，要尊重实际。

2. 理论的理想条件和实际的现实情况之间往往存在着较大的差距，要能够综合运用已有知识对现实的情况进行分析、解释。

3. 要有质疑精神和科学探究的精神，在探究过程中培养证据推理意识和逻辑推理能力。

八 实验效果评价

1. 装置简单，一次数据多次分析。利用常见的中学化学仪器——pH 计和恒温水槽完成了定量测定醋酸电离平衡常数的实验，用表格和图像对数据进行多角度的分析，对已有的知识进行质疑和探究。

2. 即时生成图像，强化数形结合思想，提升逻辑思维能力。转数据为图像，直观展示醋酸电离程度随温度和浓度的变化情况，直观形象。

3. 以项目式学习的形式进行实验探究，培养学生的科学探究能力与创新意识。从实验中提出问题，用已有知识进行推理，又用实验验证猜想，再从中发现问题，最后用验证的知识进行解释。整个实验教学过程层层递进，不断发展学生发现问题、逻辑分析、证据推理的能力和素养。

4. 符合新高考"学科落地"的趋势。在近年来的高考真题中出现了不少"反常规"的实验结论，如电解氯化钠溶液时负极同时产生氯气、氧气等。可见，当下高中的学习和评价已逐渐从纯理论且理想的环境中脱离出来，使所有的学科不再是"无用之学"，不再是"纸上谈兵"。实质上也是在帮助学生综合运用自己的已有知识，做到理论和实践结合运用。

点评

实验教学内容教材中无具体实验，但设计出的实验源于教材，又高于教材，紧扣课标，充分发展了学生的证据推理能力、辩证认知能力以及实验探究和创新精神的核心素养。

具体亮点和建议如下：

1. 亮点

（1）将实验内容量化、可视化，宏微结合，打破理论与实践的壁垒，激发学生的探究欲。

（2）教学凸显了项目式教学的结构化设计的特点，结合大单元教学理论，教师打破已有的知识序列，站在课程内容结构的高度，把不同的知识体系进行重构和组合，实现对课程的创新与构建。

（3）通过理想的理论和实际的矛盾，让学生明确化学以实验为基础，要尊重客观事实，要有质疑和探究精神，理论与实践相结合，落实《课程标准》要求。

（4）科学严谨地获得实验数据，利用实验数据和已有知识分析问题产生的原因，让学生加深了对弱电解质电离过程的理解，掌握氢键在此过程中的影响，多维度分析影响电离程度的因素，拓展思维空间，发展了学生数形结合的思想。

2.建议

（1）对实验数据的分析可再加强。譬如在实验设计上可再增加几组不同浓度醋酸电离平衡的探究实验，以巩固实验结论。在测定不同温度下醋酸溶液的电离平衡常数和电离度时，对选用 10~45℃ 的温度可做进一步阐释说明。

（2）在教学实践中，可在实验前引导学生明确该探究实验的意义与价值。在实验探究过程中引导学生学会看实验数据图像、进行数据分析。可结合学生实际学情在醋酸溶液 pH—T、a—T 曲线的基础上，借助醋酸分子电离焓变、醋酸的氢键键能，分析醋酸分子的电离过程及平衡常数随温度的变化。教师做好充分的引导，以此提升学生证据推理的素养。

案例 12　核心素养背景下高中化学数字化实验的设计与应用——以"影响弱电解质电离平衡的因素"为例

昆明市第三中学　韩怡

 使用教材

人民教育出版社，普通高中教科书·化学选择性必修 1 化学反应原理，第三章水溶液中的离子反应与平衡，第一节电离平衡课题中"弱电解质的电离平衡"内容。

 实验器材

数字化实验传感器（pH 传感器、温度传感器）、50 mL 烧杯、200 mL 烧杯、200 mL 量筒、500 mL 三颈烧瓶、球形冷凝管、电加热套、药匙、蒸馏水、0.05 mol/L 醋酸溶液、1 mol/L 醋酸溶液、醋酸铵固体、无水硫酸钠固体。

 实验创新要点

1. 实验方法：引入数字化实验，将微观过程可视化。

与常规实验相比，本实验方法的优点是能连续测定并显示平衡移动过程中溶液的 pH 变化，以"实时监控"平衡移动的全过程，使微观抽象的平衡移动过程变得直观、定量、可视化。本节课的实验相当于课标中学生必做实验"探究影响化学平衡移动的因素"在水溶液体系中平衡问题的延伸和应用。

2. 实验条件：改进了文献实验的条件，提高了文献实验的重现性和成功率。

针对实验 1——加水稀释（详见"实验教学内容"），师生合作查阅大量文献后，提出了两点改进措施：一是降低醋酸溶液的浓度；二是同时加入无水硫酸钠等对电离平衡不影响的盐。然后用控制变量法设计了 80 种组合方案，经过 178 次验证实验。最终证实了所提改进措施的可行性，并且找到了重现性好、成功率高的实验条件（浓度、用量、改进措施）。具体的研究过程如下：

经查阅文献，崔老师曾运用手持技术探究醋酸电离平衡移动[①]，通过测定外部条件改变后醋酸溶液 pH 的变化，引导学生看出电离平衡的存在和移动，这篇文献的 3 个实验设计直接为本节课的实验设计提供了参考素材。但在做预实验后，发现该文献所述 3 个实验的重现性并不理想，比如实验 1 所得的曲线异常波动较多，且没有出现 pH 下降的"尖角"。因此与学生合作，控制多个主要变量（浓度、用量），设计了 80 种组合方案并多次重复实验验证，最终探索出了一组重现性较好的条件组合，从而初步确定了本节课所采用的 3 个数字化实验的试剂浓度和用量（见表 1）。

表 1　本节课所采用的 3 个数字化实验的试剂浓度和用量

实验	醋酸浓度和体积	其他试剂	操作要点
实验 1 加水稀释	0.05 mol/L，150 mL	蒸馏水 50 mL、少量无水硫酸钠	蒸馏水一次性快速倒入
实验 2 加相同离子	0.05 mol/L，50 mL	醋酸铵固体半药匙	快速加入且搅拌

① 崔晓芬，马宏佳，冯雪琦. 运用手持技术探究醋酸电离平衡移动 [J]. 化学教学，2011（08）：18-20.

续表

实验	醋酸浓度和体积	其他试剂	操作要点
实验3 加热升温	1 mol/L，100 mL		控制升温范围（低于25℃）

邹老师也曾对实验1做了研究，并认为：在使用pH传感器测定弱电解质溶液稀释后pH变化曲线的实验中，大多数时候实验结果并不稳定，而且很难观察到pH逐渐下降的过程[①]。他们分析实验成功率不高的原因有两点：一是醋酸分子之间可通过氢键形成复杂的二聚乙酸分子，当醋酸被水稀释后，二聚乙酸分子与氢离子形成的复杂阳离子，在电场力很小的情况下，其迁移速率较慢，导致溶液pH的变化较为复杂；二是pH传感器的工作原理（即原电池原理）决定了待测液须具有良好的导电性，若稀释后溶液的导电性较弱，则可能导致pH传感器的灵敏度降低，甚至无法工作而出现异常现象。针对这两点原因，教师推测可以通过两个措施来解决问题：一是降低醋酸溶液的浓度，以减少复杂微粒的干扰；二是同时加入无水硫酸钠等对电离平衡不影响的盐，以提高溶液的导电性，从而确保pH传感器保持一定的灵敏度，在稀释过程中能正常工作。于是实验设计了8组对照实验（见表2），采用与前述文献相同的稀释比例1∶1，并控制两个变量（即醋酸浓度和是否加入无水硫酸钠）以验证推测是否可行。

表2　改进推测的验证实验及结果

编号	醋酸溶液浓度（mol/L）	是否加入无水硫酸钠	实验结果（是否出现pH下降的"尖角"，即平衡正移过程）
1	1	不加入	有"尖角"（见图1a组1）
2		加入	有"尖角"，pH下降比第1组更明显（见图1a组2）

① 邹绍森，钟辉生，朱钦红. 微观过程可视化实验的系列探究：以弱电解质"越稀越电离"为例 [J]. 教育与装备研究，2022，38(10)：72-75.

续表

编号	醋酸溶液浓度（mol/L）	是否加入无水硫酸钠	实验结果（是否出现pH下降的"尖角"，即平衡正移过程）
3	0.05	不加入	有"尖角"
4		加入	有"尖角"，pH下降比第3组更明显
5	0.025	不加入	有"尖角"
6		加入	有"尖角"，pH下降比第6组更明显
7	0.0125	不加入	没有"尖角"（见图1b组7）
8		加入	有"尖角"（见图1b组8）
注意各组实验的操作均为：取150 mL相应浓度的醋酸溶液，一次性快速加入50 mL蒸馏水，用pH传感器测量稀释过程中pH的变化曲线			

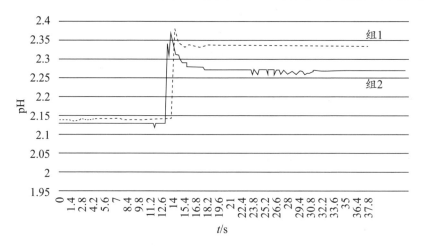

a　1 mol/L 醋酸稀释时 pH–t 变化曲线

图 1　第 1、第 2、第 7、第 8 组实验结果

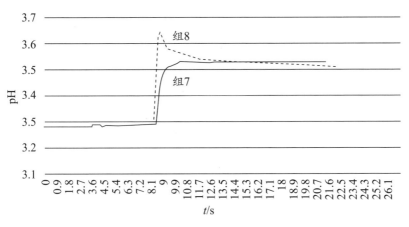

b　0.0125 mol/L 醋酸稀释时 pH-t 变化曲线

图 1　第 1、第 2、第 7、第 8 组实验结果（续）

对比第 1 组和第 2 组曲线（见图 1a）、第 7 组和第 8 组曲线（见图 1b）可得出结论：当醋酸浓度相同时，加入无水硫酸钠可以使得稀释后 pH 下降的"尖角"更加明显，凸显电离平衡正向移动的过程。尤其是在第 7 组和第 8 组实验对比下，可以发现第 7 组曲线没有"尖角"，而在第 8 组加入无水硫酸钠后，"尖角"又出现了，说明加无水硫酸钠以增强溶液导电性后，pH 传感器的灵敏度增加，一定程度上保证了实验的成功。对比第 2 组和第 8 组曲线可得出结论：其他条件相同时，第 8 组所得 pH 曲线中的"尖角"更明显，说明与高浓度醋酸相比，采用较低浓度的醋酸溶液一定程度上降低了醋酸分子间形成氢键的概率，从而减少了复杂微粒的干扰。综上所述，前述提出的两个改进措施是可行的。

3. 实验装置：针对实验 3——加热升温（详见"实验教学内容"），学生在教师协助下改进了实验装置（见图 2）。改进要点一是为减少醋酸挥发，加装了球形冷凝管；二是从相关文献[①] 的数据分析中发现，在高中阶段研究醋酸电离平衡受温度的影响时，需要控制升温范围（低于 25℃）才更加严

---

① 韦明新, 郑雪鹤. 醋酸电离平衡的温度影响及其热力学分析 [J]. 九江师专学报，1987（06）：36-40.

谨，因此采用电加热套。

图 2 实验 3 的改进装置

4.实验教法：3 个实验分别采取 3 种呈现方式（教师演示、学生探究、研究性学习小组探究），综合应用多种教法（参与式、讨论式、探究式和启发式），以充分发挥实验的育人功能。

四 实验原理

醋酸是弱电解质，存在电离平衡：$HAc \rightleftharpoons H^+ + Ac^-$。实验装置如图 3 所示，在烧杯中盛有一定体积和浓度的醋酸溶液，分别进行 3 种操作：加水稀释、加入少量醋酸铵固体和升温，以改变外界条件。用 pH 传感器和温度传感器测量条件改变过程中溶液的 pH 变化情况。将实验结果与醋酸的电离平衡相结合，可分析出平衡移动方向，从而推理提炼出浓度和温度对弱电解质电离平衡影响的规律（见表 3）。最终建立如下的推理过程和分析思路（见图 4）：

pH 的变化情况（宏观证据，变化观念）$\Longleftrightarrow$平衡移动和微粒相互作用（微观探析）$\Longleftrightarrow$平衡移动规律（平衡思想）$\Longleftrightarrow$理论推导论证（证据推理）

0.05 mol/L醋酸溶液（探究浓度时）
或1 mol/L醋酸溶液（探究温度时）

图 3　实验装置

表 3　影响醋酸电离平衡的因素及结果

影响因素	操作	pH 变化	平衡移动方向	$c(H^+)$	$c(Ac^-)$	$c(HAc)$	Q_c	K
浓度	加水稀释	先瞬间增大，后下降，最终不变（仍比原pH大）	正移	减小	减小	减小	减小	不变
	加入相同离子（醋酸铵）	增大	逆移	减小	增大	增大	增大	不变
温度	加热升温	减小	正移	增大	增大	减小	增大	增大

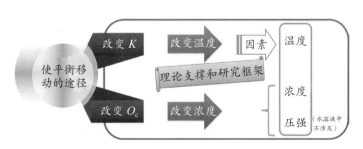

图 4　水溶液体系平衡移动分析思路

五 实验教学目标

1. 通过实验探究影响醋酸电离平衡的因素，形成分析思路，初步建立分析水溶液平衡体系问题的思维模型。

2. 通过对真实情境问题解决方案的讨论和点评，感受化学学科的价值，增强社会责任感。

六 实验教学内容

1. 实验 1 加水稀释对电离平衡的影响：取 150 mL 0.05 mol/L 醋酸溶液（加入少量无水硫酸钠）于烧杯，接着将 50 mL 蒸馏水一次性快速倒入。用 pH 传感器记录溶液 pH 变化，以时间 t 为横轴，pH 为纵轴作图，得到溶液 pH 随时间 t 的变化曲线。

2. 实验 2 加入相同离子对电离平衡的影响：取约 50 mL 0.05 mol/L 醋酸溶液于烧杯中，快速加入适量醋酸铵固体，用玻璃棒适当搅拌。用 pH 传感器记录溶液 pH 变化，以时间 t 为横轴，pH 为纵轴作图，得到溶液 pH 随时间 t 的变化曲线。

3. 实验 3 加热升温对电离平衡的影响：取 100 mL 1 mol/L 醋酸溶液于三颈烧瓶中，加热升温。用温度传感器和 pH 传感器分别记录溶液中温度 T 和 pH 变化，以温度 T 为横轴，pH 为纵轴作图，得到溶液 pH 随温度 T 变化的曲线。

七 实验教学过程

表4 实验教学过程设计

环节	情境线	任务线	知识线	设计意图
环节1 创设情境，引入研究问题	被蚊虫叮咬后，应如何用家庭常见物质处理呢？	根据所给信息，结合生活经验，分享家庭简易处理方案	用肥皂水处理蚊虫叮咬的原因	真实情境问题，激发兴趣，抽提相关化学问题加以研究
环节2 复习判据，明确研究框架	说说你对平衡移动的理解？复习平衡移动的本质判据：$Q—K$关系	小组讨论，初步提出平衡移动分析模型	平衡移动的本质判据：$Q—K$	深入理解水溶液体系改变平衡的两个因素：温度和浓度
环节3 逐个突破——1. 浓度：加水稀释	教师演示实验教学内容1	观察演示实验，分析解释曲线	稀释促进电离平衡	形成分析思路，建立思维模型
环节3 逐个突破——2. 浓度：加相同离子（加醋酸铵固体）	学生设计实验方案，探究加入相同离子对醋酸电离平衡的影响	根据所给试剂并结合所学，小组讨论、设计实验方案，按照实验教学2的内容开展学生实验	加入相同离子抑制电离平衡，醋酸铵水溶液呈中性	发展学生实验探究能力（定性水平和定量水平），强调控制变量的思想
环节3 逐个突破——3. 温度：加热升温	研究性学习小组同学演示实验教学内容3，并对大家提问	根据所看微课视频中的信息，解答同学在视频中所提的问题	一般情况下，升温促进电离	针对学生已熟练掌握的问题，利用同伴带动效应，学生教学生，提升兴趣的同时内化知识

续表

环节	情境线	任务线	知识线	设计意图
环节4 认识进阶，解决实际问题	1. 蚊虫叮咬如何处理？ 2. 白醋可以用来鉴别真假黑枸杞，是真的吗？	回忆并体会勒夏特列原理是有局限性的，深入理解平衡移动的本质判据	平衡移动的本质判据：$Q—K$关系	应用所学知识解决实际问题，发展学生对化学学科价值的认识水平，增强社会责任感

八 实验效果评价

1. 实验设计的亮点

（1）创新的实验方法：采用数字化实验，将微观过程可视化，将微小变化放大，突破了教学重难点，诊断并发展了学生对水溶液中电离平衡的认识。

（2）创新的实验条件：通过两个改进措施（降低醋酸溶液浓度和加入无水硫酸钠），提高了实验1的重现性和成功率。这是在和学生经过80种组合，近178次尝试后的成果。

（3）学生改进的实验装置：课堂生成性问题的解决，激发了师生的研究潜能，培养了学生严谨求实的科学态度。

（4）丰富多样的实验教法：综合应用多种教法，提升了学生实验探究能力，发挥了实验的育人功能。

2. 教学设计的亮点

（1）基于真实情境，利用分析模型，解决生活问题（见图5左）。

（2）师生共同经历了项目化、整合式的实验探究和完整论证过程（见图5右）。

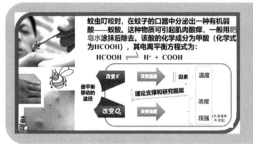

图 5 课堂情境—模型—问题设计（左）和实验探究论证流程（右）

（3）充分利用数字化实验的优势，突破了教学重难点。

教学前后测的结果（见图 6，问卷题目见表 5）显示：学生对图像分析解读的正确率有所提高。例如，问卷的第 1 题和第 3 题是结合图像分析的图像解析型题目，需要学生具有一定的图像解读能力，而第 2 题是相同考点的文字叙述型题目。第 1 题和第 3 题的结果表明，后测的正确率（分别为 91.1% 和 94.6%）高于前测（分别为 55.4% 和 76.8%），而第 2 题的结果表明，前后测差异不大（分别为 87.5% 和 89.3%）。说明本课充分利用了数字化实验的优势（微观可视化、定量化），突破了教学重难点。

表 5 问卷（部分题目）

题目内容		设计意图
问卷的重要题目	1.室温下,将 10.00 mL 5.0000 moL/L 醋酸滴入 100.00 mL 蒸馏水中，溶液中 $c(\text{H}^+)$ 和温度随着醋酸体积变化曲线如图所示。下列有关说法正确的是（ ） A. $a\sim b$ 段，醋酸电离过程为放热过程 B. $c\sim d$ 段，$c(\text{H}^+)$ 增加，醋酸电离度增加 C. c 点时，加入等体积等浓度的 NaOH 溶液则： $\quad c(\text{Na}^+)=c(\text{CH}_3\text{COO}^-)+c(\text{CH}_3\text{COOH})$ D. d 点时，$c(\text{H}^+)>c(\text{CH}_3\text{COOH})$	初步调查学生经过教学之后，对图像的解读分析思路

续表

	题目内容	设计意图
问卷的重要题目	2. 稀氨水中存在着下列平衡：$NH_3 \cdot H_2O \rightleftharpoons NH_4^+ + OH^-$，若要使平衡向逆反应方向移动，同时使 $c(OH^-)$ 增大，应加入的物质或采取的措施是（ ） ① NH_4Cl 固体；② 硫酸；③ $NaOH$ 固体；④ 水；⑤ 加热；⑥ 加入少量 $MgSO_4$ 固体 A. ①②③⑤ B. ③⑥ C. ③ D. ③⑤	检测学生对外界条件影响平衡移动的理解掌握情况，迁移应用的能力
	3. 25℃时，0.1 mol/L 稀醋酸加水稀释，如图中的纵坐标 y 可以是（ ） A. 溶液的 pH B. 醋酸的电离平衡常数 C. 溶液的导电能力 D. 醋酸的电离程度	调查学生的图像基本解读能力（横纵坐标、点、线、面），对电离平衡的理解及变化观念

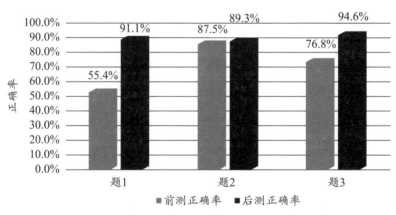

图 6 问卷 2 前后测的正确率统计

（4）实现了学生的认识进阶，达成了"教、学、评"目标。

分析教学前后学生答题的批注笔记（见图 7 和图 8），发现应用数字化实验的教学有利于加深学生对分析平衡移动问题的理解，能够进行一定程度的"宏观—微观—符号—曲线"之间的自主转换。例如，对问卷上"实验 1 理论解释为何这样画图？"这个问题的学生答案进行分析，发现教学前大多数学生画出的图像错误（见图 7）且大多数没有分段说明所画图像的各离子浓度变化，图像的错误主要集中在缺少平衡移动的一段特征曲线，即图像中缺少图 8 中的"尖角"段。而教学实施后，学生能更加主动地基于 Q–K 判据去解释平衡移动的方向，画图、解读的能力提升，理论解释也回归本质。

实验内容	预测 pH 随条件改变的变化情况	分析曲线，理论解释 pH 为何呈现如你所画这样的变化？
实验 1 加水稀释　　取 150 mL 0.05 mol/L CH₃COOH 溶液于烧杯，接着将 50mL 蒸馏水一次性快速倒入。用 pH 传感器测量溶液 pH 的变化情况		稀释平→，增多 但 c(CH₃)↓, pH↑

图 7　教学前画图解释题的学生答案示例

实验内容	预测 pH 随条件改变的变化情况	分析曲线，理论解释 pH 为何呈现如你所画这样的变化？
实验 1 加水稀释　　取 150 mL 0.05 mol/L CH₃COOH 溶液于烧杯中，接着将 50 mL 蒸馏水一次性快速倒入。用 pH 传感器测量溶液 pH 的变化情况		稀释，一次性倒入蒸馏水 c(H⁺)↓ CH₃COOH ⇌ CH₃COO⁻ +H⁺ → ∴ c(H⁺)↑ 但不能抵消 不能反转 ∴ pH减小后 最终时 pH比原来高

图 8　教学后画图解释题的学生答案示例

点评

该实验是探究"影响弱电解质电离平衡的因素"，借助数字化传感器测定稀释、加入相同离子和改变温度对醋酸电离平衡的影响，达成建立"宏—微—符"的立体认知模型；实验设计有创新性、实用性，值得借鉴。

具体亮点和建议如下：

1. 亮点

（1）该实验教学目标紧扣课标、教材和学情，表述明确、具体、可测量，实验内容符合目标要求。

（2）该实验教学源于《课程标准》和教材呈现的学生必做实验，对学生实验前进行理论预测，注重学生的最近发展区。通过查阅文献并借助数字化传感器探究影响弱电解质电离平衡的外界因素（如浓度、温度），获得平衡移动的证据，构建电离平衡移动的认知模型，让学生通过实验学习化学，并对学生前后测对比分析实验教学对学生的影响，注重"教、学、评"一体化，有效促进学生认知的发展和学科核心素养的落实，有创新性。

（3）该实验数据呈现方式较好，由数字化传感技术实时监控呈现平衡移动 pH 变化的全过程，让根据平衡移动原理预测的结果变得直观、定量、可视化，由定性转向定量，培养学生识图析图和逻辑推理的能力，发展学生宏微结合和证据推理的核心素养。

（4）从教学过程的呈现上看，该实验教学注重教师为主导的探究式和项目式教学，如围绕学生"醋酸稀释没有尖角"的认知盲区，以数字化实验图形象直观的增进学生对平衡移动原理的理解和掌握，增进对图像的认知。课程导入"被蚊虫叮咬后，应如何用家庭常见物质处理呢？"和结束回答"蚊虫叮咬如何处理？"首尾呼应，重难点突出，并拓展"可以利用家庭厨房的白醋来鉴别真假黑枸杞，是真的吗？"检验真假枸杞引导学生用所学知识解决生活实际问题，有利于学生思维和能力的发展。

2.建议

通过文献检索，阅读分析后提出对醋酸稀释的"尖角"最佳呈现条件是本实现的亮点之一，让学生充分体验了实验探究是基于前人的研究结果，不断修订完善，不断进步的过程。在借鉴使用该实验的研究模式时，可以结合本校学生的实际学情，将该部分纳入校本课程或者学生研究性学习项目，解决实际课时有限的困难。同时也是对不同学习能力发展层次的学生进行不同层次探究能力的培养。

案例 13　基于传感技术的原电池教学改进

西安市经开第一中学　王海利　杨杰

咸阳市长武县中学　马杰

一　使用教材

人民教育出版社，普通高中教科书·化学选择性必修 1 化学反应原理，第四章化学反应与电能，第一节原电池。

二　实验器材

医用输液器、医用 10 mL 注射器、烧杯、脱脂棉、滤纸、餐巾纸、U 形管、导线、电压传感器、温度传感器、电流传感器、微电流传感器、发光二极管、铜片、锌片、硫酸锌、稀硫酸、玻璃纸、鱼鳔、鸡蛋、橘子、浓盐酸、游戏币（镀镍游戏币和镀铜游戏币）。

三　实验创新要点

1.利用数字化实验探究仪捕捉宏观现象背后的微观本质。利用电流传感器、电压传感器、温度传感器对比分析单液原电池、双液原电池的优缺点，直观展示单液原电池能量转化率低，电流、电压均不稳定，难以控制，所以实用性不大；双液原电池电流、电压稳定可控，但是由于内阻太大，导致电流太小。

2. 首先，让学生通过设计探究实验，寻找生活中的常见的材料——滤纸、脱脂棉、餐巾纸代替琼脂进行盐桥实验，拓展学生的科学思维能力。同时，组织学生进行合作交流，设计探究改进双液盐桥电池，制作了纸张电池，为膜电池的引入打下基础。利用生活中的橘子瓣膜既可以分隔溶液，又可以传导离子，引入了隔膜电池，并利用玻璃纸、鱼鳔、蛋膜等半透膜做隔膜电池。最后，让学生利用生活中的镀镍游戏币和镀铜游戏币，设计隔膜游戏币电池。

3. 由于玻璃纸、鱼鳔、蛋膜作为电池隔膜不好固定，利用输液器滴斗自制了实验改进装置，既可以分隔溶液，防止短路，提高能量利用率，又方便试剂的添加，电极的插入，剂量小，实验现象明显，效果好。

四　实验原理

通过传感技术将不同的原电池装置（单液原电池、双液盐桥电池和膜电池）中电流强度、电压稳定性、体系温度等进行记录表征，从而判断不同原电池的工作效率，对比装置的优缺点。

五　实验教学目标

1. 通过对比观察单液原电池、双液原电池正负极的现象，让学生从宏观和微观相结合的视角进行讨论，分析并思考产生这些现象的原因。

2. 借助于数字化实验，通过单液原电池、双液原电池、隔膜电池等一系列的探究实验，培养学生的证据意识，能基于证据提出可能的假设，通过分析推理、实验验证，建立认知模型，运用模型解释现象和规律。

3. 引导学生发现并提出有价值的问题，从问题和假设出发，依据探究目的设计探究方案，认识到科学探究是进行科学解释、发现、创造和应用的重要实践活动，鼓励学生勤于实践、善于合作、敢于质疑、勇于创新。

4.通过实验过程，培养学生严谨求实的科学态度。利用生活中的废旧材料自制实验装置，培养学生节约资源、绿色低碳的生活态度。体会化学来源于生活，服务于生活。

(六) 实验教学内容

本节课以教材中的"化学反应与能量变化"内容为基础，进一步介绍原电池的组成和工作原理，通过对原电池中闭合电路形成过程的分析，引出半反应、盐桥、内电路、外电路等概念，帮助学生对电化学研究和应用范围形成一个宏观的认识。

利用生活中的橘子、鱼鳔、蛋膜、餐巾纸及实验室常见的玻璃纸、滤纸为材料，改装输液器滴斗，自制实验装置，结合传感器的应用，探究单液原电池与双液原电池的优缺点。同时引导学生从单液电池、双液电池过渡到膜电池的认识，引领学生科学思维的发展，培养学生的科学探究与创新意识及严谨求实的科学态度。

(七) 实验教学过程

1. 数字实验，创设情境

（1）利用数字化实验探究仪——温度传感器，比较单液原电池和双液原电池在同一时间温度的变化规律（见图1）。通过实验可以观察到：单液原电池温度升高，双液原电池温度基本不变，说明单液原电池有一部分化学能转化成了热能，能量的利用率低。

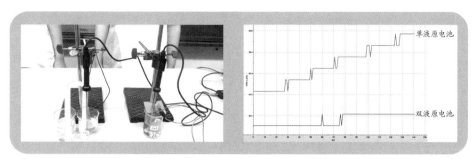

图 1　单液原电池和双液原电池溶液温度变化对比

（2）利用数字化实验探究仪——电压传感器，比较单液原电池和双液原电池在同一时间电压的强度和稳定性（见图 2）。

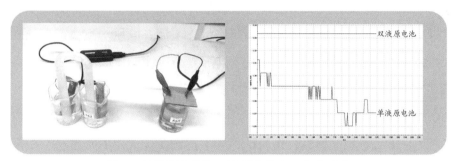

图 2　单液原电池和双液原电池电压变化对比

通过实验可以观察到：单液原电池电压低，而且很快衰减，双液原电池电压高且稳定，说明双液原电池的稳定性和实际应用的可控性。

（3）利用数字化实验探究仪——电流传感器，比较单液原电池和双液原电池在同一时间电流的强度和稳定性（见图 3、图 4）。

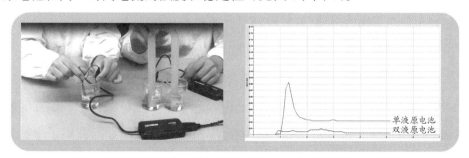

图 3　单液原电池和双液原电池电流对比（盐桥用大 U 形管）

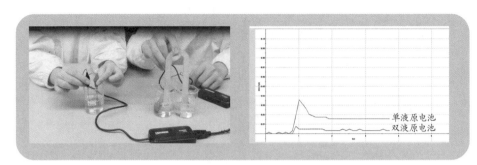

图 4　单液原电池和双液原电池电流对比（盐桥用小 U 形管）

通过实验可以观察到：双液原电池可以持续提供稳定的电流，但是强度不大。同时电流的强度与盐桥的大小径有关系，U 形管越小，电流越大，推测可能是大 U 形管内电路太长，导致电阻太大。

（4）总结：单液原电池能量转化率低，电流、电压均不稳定，难以控制，实用性不大；双液原电池电流、电压稳定可控，但是由于内阻太大，导致电流太小，而且琼脂盐桥的制作过程复杂，试剂用量大。

2.拓展思维，改进盐桥

学生查阅资料，小组合作讨论，学生找到了生活中的常见材料——脱脂棉、餐巾纸、滤纸代替盐桥，并设计了烧杯和表面皿两种实验装置进行实验。通过实验证明，这三种材料的使用，微电流传感器数据稳定，实验效果很好，且制作简单，取材方便，电流强度大且稳定，效果明显，方便学生分组实验。

通过学生的改进，发现滤纸、餐巾纸等薄薄的一层盐桥，其电流强度和单液电池几乎相当，那能否找到一些更好的隔膜，既可以分隔溶液和电极，不造成短路，又能降低内阻而增大电流，提高能量的转化率呢？

3.橘子瓣膜，引发思考

将锌片和铜片同时插入一瓣橘子中，有电流通过；将锌片和铜片分别插在两瓣橘子中，没有电流通过；将锌片和铜片分别插在两瓣橘子中，将两瓣橘子合并，有电流产生。由此引入膜电池（见图 5）。

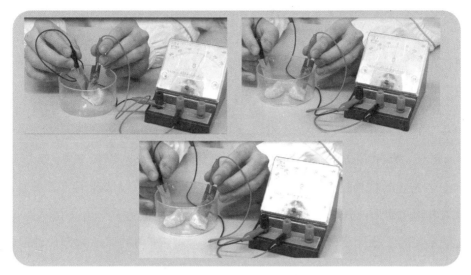

图 5 橘子瓣膜实验探究

通过查阅资料，了解到玻璃纸、鱼鳔、蛋膜等都是半透膜，但是这些材料不太好固定，于是利用生活中的输液器自制了实验装置，进行实验，发现电流计指针偏转很明显（见图 6）。

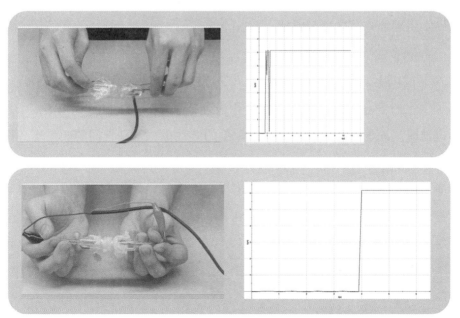

图 6 用输液器自制的双液膜电池，半透膜分别是玻璃纸、鱼鳔、蛋膜

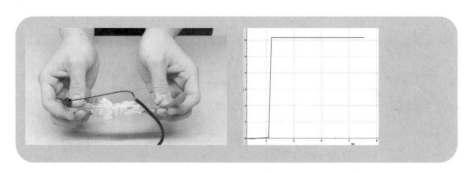

图 6   用输液器自制的双液膜电池，半透膜分别是玻璃纸、鱼鳔、蛋膜（续）

生物膜的选择透过性与膜上的离子通道有关，一般情况下，离子通道中的电闸门通道往往是关闭的，但是受到电刺激（电势差）后会立即打开，大量相关离子会顺离子浓度梯度迅速通过。学生使用的锌片和铜片就是两个不一样的电极，产生了电势差，快速打开了离子通道的电闸门，于是这些半透膜在电池中就起到了隔膜的作用。

通过实验，学生发现玻璃纸、鱼鳔、蛋膜等作为隔膜，既可以分隔溶液，增强离子传导能力（微电流数值均在 6 μA 左右）。同时这些隔膜电池安全无毒、无污染，与锂离子聚合物隔膜电池工作原理类似，可以很好地帮助学生理解并掌握隔膜电池。

4. 联系生活，学以致用

通过以上的实验探究过程，学生体会到了实验探究的乐趣，极大地激发了学生的学习热情。随后学生又积极寻找生活中的材料设计电池，游戏币电池应运而生。学生收集生活中常见的游戏币，发现它们的颜色不一样，通过查阅资料，知道了镀镍游戏币的材质主要是钢芯镀镍，镀铜游戏币的材质主要是钢芯镀铜，于是他们利用氯化铵和氢氧化钾溶液为电解质溶液，玻璃纸为隔膜，设计了隔膜游戏币电池，产生了微弱的电流，点亮了发光二极管，这极大地激发了学生的学习兴趣，提升了他们的成就感（见图 7）。

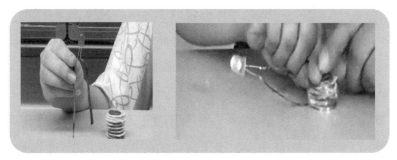

图 7　游戏币电池

八　实验效果评价

1. 直观

通过数字化实验动态地解释了学生难以理解的单液原电池和双液原电池的电压、电流、溶液温度的变化，改变了学生的认知观念、思维方式，让学生能从宏观的现象与微观粒子的性质角度解释实验中的问题，引导学生发现带"盐桥"的原电池在结构的紧凑性和实用性角度也存在不足，进而升级为"离子交换膜"，在学生设计的一系列探究活动中，培养了学生的科学探究能力和创新意识，让学生的思维有一个质的飞跃。

2. 严谨

在这节课中，以实验事实设疑，又以实验事实释疑，每一个实验以及每一个数据都一一对应。在这个过程中培养学生严谨求实的科学态度。让学生从直观、生动的实验中发现问题，引导学生进行推理和分析。在探究活动中让学生参与到动眼观察、动手操作、动口表达、动脑思维等一系列活动中，改变了部分学生的学习方法和思维习惯，引导学生知道科学研究的过程。

3. 创新

本次课利用输液器自制实验装置，方便半透膜的固定、电极的插入，密封性好，组装便捷。输液器软管本身透明，便于观察实验现象，同时具有一定的形变空间，可以适应生成气体等瓶内压强变化。学生利用硬币自制的隔膜电池点亮了发光二极管，极大地激发了学生的学习兴趣。

4.转变

本节课最大的亮点就是转变学生的思维方式，转变认识偏差，建立了证据意识，让学生能够基于证据提出合理的假设，建立观点、证据和结论三者之间的逻辑关系。学生通过一系列的探究实验，认识到要形成电池，必须得有电势差，电流、电压需稳定可控，电流强度及电容量大，提高了学生对电化学本质的认识。

点评

本实验借助电压传感器、温度传感器、电流传感器等数字传感器探究了单液原电池、双液原电池的电压、电流、溶液温度的变化，引导学生深刻理解掌握原电池的工作原理，发展了学生科学探究素养和证据推理的意识。

具体亮点和建议如下：

1.亮点

（1）本实验案例装置简单、实验用品取材来自生活方便易得、实验现象直观易懂，实验过程简便、绿色环保，符合绿色化学理念，很好地阐释了核心素养理念下的可持续发展的意识。

（2）实验教学设计方案以学生为中心，注重学生的最近发展区，教师以电池的发展为线索，层层递进，发展核心素养；每一个活动的设计指向学生的能力进阶，学生在完成任务，经历活动的过程中实现化学学科核心素养的发展，如转变认识偏差，建立证据意识等。

（3）实验改进合理，且恰当充分利用生活中的材料及知识，培养学生的环保意识及安全意识。同时，借助数字化教学，能直观并如实记录实验的现象和数据，进行分析和推理，得出合理的结论。同学之间合作交流，参与度高。对实验过程和结果有进行反思。建立了假设、证据和结论之间的关系，用恰当的形式表达和展示了实验结果。

2.建议

（1）可以详细介绍本探究实验案例的课时分配情况，利用输液器自制的双液膜电池、隔膜硬币电池具体制作过程等，便于实验教学案例的推广使用。

（2）对于使用电压传感器、温度传感器、电流传感器等数字传感器探究单液原电池、双液原电池的电压、电流、溶液温度的变化的实验以及膜电池的工作原理、实验方案、实验过程、实验结果的分析等可以进行更详细的阐述，使案例成果更加便于推广。

（3）在借鉴本教学案例时，教师应注意探究实验进行前要关注学生已有的知识、经验（即当前状态）和未知但准备去探究的新知识（即目标状态）之间的衔接和关联度。实验前要明确为什么探究这个实验条件，探究的实验内容是什么，想要达到什么样的目的，该实验探究过程如何发展学生的科学探究素养等事项。实验中要关注学生实验操作、记录观察实验现象、分析实验数据的能力及实验过程中学生新生成的教学问题。

案例 14　学生电镀实验条件优化和产物探究

石家庄市第二十四中学　王娜

一　使用教材

人民教育出版社，普通高中教科书·化学选择性必修 1 化学反应原理，第四章化学反应与电能，实验活动 4 简单的电镀实验。

二　实验器材

导线、电源、自制反应器、铁钉、铜片、砂纸、夹子、石墨、试管、硫酸铜固体、氢氧化钠溶液、盐酸、硝酸、硫酸、氨水。

三　实验创新要点

1. 设计反应器提高条件精准度，克服传统烧杯实验效率低、难以控制变量的缺点。

2. 引导学生亲历创新实验，体验真正的探究过程，使学生成为思考者而非简单的观察者和记录者。

四　实验原理

1. 利用电解原理，铁钉作为阴极，铜片作为阳极，硫酸铜溶液作为电解质溶液可以实现在铁钉上镀铜。

2.实际电镀过程中，电镀效果会受到镀件光洁程度、电镀液浓度、电极距、电解液 pH 等因素的影响。

五 实验教学目标

1.通过探究影响镀铜的主要因素，体会条件控制在科学实验和实际生产中的重要作用。

2.通过探究黑色物质的成分，掌握实验探究的基本步骤和方法，增强证据意识和求真务实的科学态度。

3.通过小组合作，交流评价，提高沟通交流能力，增强团队合作意识。

六 实验教学内容

1.探究摸索实验室电镀铜最佳条件。

2.探究镀层中黑色固态物质的成分。

七 实验教学过程

环节一：发现异常，提出问题

学生按照教材要求进行电镀铜实验时，有的小组实验获得了成功，铁钉上镀上了一层红色的铜（见图 1），有的小组实验没有达到预期效果，出现了镀层发黑的现象（见图 2），有的甚至出现了黑色簇状物（见图 3）。针对这些异常现象，提出探究任务，探究镀层发黑的原因以及探究黑色物质的成分。

图1　铜镀层为红色　　　图2　铜镀层为黑色　　　图3　铜镀层为黑色簇状物

环节二：分工合作，小组探究

根据学生兴趣和爱好，在教师指导下，学生自主分成三个小组，采用不同途径和方法开展探究活动，并对取得的成果进行分享和交流（见图4）。

图4　小组分工

环节三：组间合作，交流展示

【资料查询组成果展示】通过搜集、整理和分析文献等资料，梳理了以下几个对电镀效果产生影响的主要因素：溶液pH、添加剂、电流密度、电极距、温度、浓度、镀件表面光滑程度等。黑色固体可能是氧化铜或者铜等含铜物质，但并无定论（见图5）。

图5　成果展示

【条件控制组成果展示】结合资料查询组提供的资料和实验室条件，选镀件表面光滑程度、浓度因素、电极距等进行探究，并自主研制了便于控制变量进行对比实验的反应器改进了实验方案。在进行了预实验的基础上，设计了实验预习报告和实验数据记录单供课上学生实验时使用（见图6）。

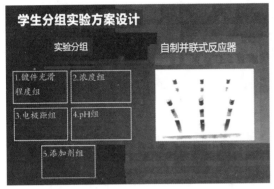

注意事项：
1. 小组成员明确分工以后才能开始实验。

2. 记录实验现象要根据镀层颜色、光泽和粗糙程度，判断镀层的优劣。

3. 本组实验结束以后，可以离开自己的座位参观别的小组的实验，但要以不影响别的小组正常实验为前提。

图6　实验方案

【学生分组实验】

按照实验方案和要求，进行小组实验，记录结果，分享交流。

1组现象（见图7）及结论：光滑电极电镀效果比粗糙电极电镀效果好。

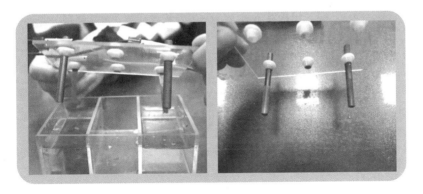

图7　1组现象

2组现象（见图8）及结论：浓度为 1 mol/L 优于 0.5 mol/L 优于 0.1 mol/L。

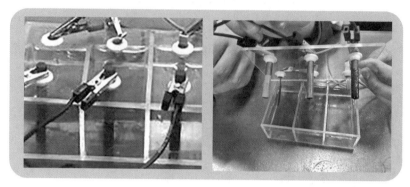

图 8　2 组现象

3 组现象及结论如图 9 所示。

控距式反应器

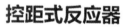

电极距不是学生实验镀层发黑的主要因素

条件控制	电极距不同	记录现象，分析结果	
并联电路 3 V 电压 0.5 mol/L CuSO₄ 200 mL 通电时间 3 min	3 cm、4 cm、 5 cm、6 cm、 9 cm、15 cm		电极距为 3~6 cm 时，镀层效果均可；电极距越小，镀层效果越好；9 cm 以上（电流过小），未见镀层生成

图 9　3 组现象及结论

4 组现象（见图 10）及结论：三组溶液中 pH 小的电镀效果最好，pH 大的电镀效果最差。

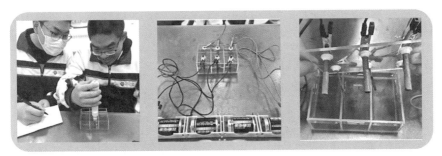

并联电路，pH 由左到右分别为：0.4 1.2 3.5 评分：8.5分、8分、7分

图10 4组现象及结论

5组现象（见图11）及结论：添加氨水形成络合物，可使镀层效果明显增强。

图11 5组现象及结论

【产物探究组汇报研究成果】电镀铜实验，条件控制不当，镀层发黑，甚至出现黑色簇状物，经利用实验法（见图12）和X射线衍射仪测试（见图13），最终确定黑色固体物质为铜和氧化亚铜的混合物。

① 加入硝酸，有气泡产生，固体溶解，形成浅蓝色溶液；
② 加入硫酸，无明显现象。久置之后，有红色固体剩余；
③ 加入氨水，形成蓝色溶液，有固体剩余；
④ 向①中加入氨水，溶液蓝色加深，久置后蓝色更深；
⑤ 向②中加入氨水，溶液变蓝，久置后蓝色加深。

图12 电镀铜实验

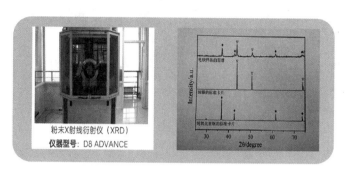

图 13　X 射线衍射仪测试

环节四：反思和交流

基于两个实验探究过程和学生分组实验，学生就本节课收获展开反思和交流，教师给予评价和总结（见表 1）。

表 1　实验探究评价标准

一级目标	二级目标
解释与结论	1. 能对事实与证据进行简单的加工与整理，初步判断事实证据与假设之间的关系
	2. 能依据一定的标准对物质及其变化进行简单的分类
	3. 能在教师的指导下或通过与他人讨论对所获得的事实与证据进行归纳，得出正确结论
	4. 初步学会通过比较、分类、归纳、概括等方法认识知识之间的联系，形成合理的认知结构
反思与评价	1. 有对探究结果的可靠性进行评价的意识
	2. 能发现探究过程中未解决的问题，发现新的问题
	3. 能对探究活动进行质疑、调整和完善
	4. 能对自己和他人的探究成果进行客观的评价
	5. 能体验到探究活动的乐趣和学习成功的喜悦
表达与交流	1. 在探究活动中能够与他人很好地合作
	2. 乐于与他人分享资料、探究成果等

一级目标	二级目标
表达 与交流	3. 能将探究的成果用书面或口头等形式比较准确地表达和交流
	4. 与他人交流讨论时，既敢于发表自己的观点，又善于倾听别人的意见
提出问题	1. 具有问题意识，能从日常生活和化学学习中，经过启发或独立发现并提出探究问题
	2. 能主动发现问题，并从中筛选出适当的课题进行科学探究
	3. 能明晰地表述探究课题
猜想 与假设	1. 能主动地或在他人的启发下对问题可能的答案提出可验证的假设
	2. 能对提出的假设进行质疑
	3. 能寻找跟课题有关的背景知识，恰当地确定研究的方向、内容、起点和方法
进行实验	1. 在教师指导下或通过小组讨论，能提出解决问题的工作思路或活动方案
	2. 明确探究目标，能提出可操作的探究步骤
	3. 能描述观察或测量变量的方法，有控制实验条件的意识
	4. 能考虑到影响探究结果的因素
收集证据	1. 认识科学地收集证据的重要性
	2. 了解收集证据的基本方法，能用合适的方式收集验证假设的证据
	3. 能独立或与他人合作对观察和测量的结果进行记录，并用一定方式加以呈现
	4. 初步学会运用调查、资料查阅等方式收集解决问题所需要的证据

八 实验效果评价

1. 教学环节层层相扣，注重探究过程和探究方法的渗透，发展学生科学探究与创新意识核心素养。

2.理论联系实际，注重科学研究方法和工业实际生产的渗透，落实科学精神和社会责任核心素养。

点评

"铁钉镀铜"实验源自普通高中化学《课程标准》明确规定的高中化学选择性课程学生必做实验"简单的电镀实验"。对于实验过程中产生的异常现象组织学生进行探究，引导学生通过查阅资料、设计对比实验、改进装置，找到最优的电镀实验所需条件。通过对异常现象的深度探究，促进学生对电镀知识的深度学习，并据此提出实验建议，其科学严谨性、多渠道探究的过程，值得借鉴。

具体亮点和建议如下：

1.亮点

（1）该实验探究过程综合运用了文献研究、对比实验设计并分析结果、实验装置改进、化学分析、仪器分析等科学探究手段。让学生对科学探究过程有非常具体的体验，有助于提升学生科学探究、证据推理和创新意识的学科素养。

（2）对常规实验中出现的异常现象，教师抓住教学时机提出问题，引导学生分组深度探究，有助于培养学生严谨科学的探究态度。

（3）在实验仪器运用方面，既有基于实验目的对原有实验器材的改进，来实现对影响电镀效果的因素探究，又有用X射线衍射仪对变黑成分进行检测，增强学生对新仪器的认识和了解。

2.建议

（1）该实验案例表述更多呈现了实验结果及分析结果，应加强对实验过程探究的呈现。在课堂实践过程中合理分配问题发现、文献检索、方案设计、探究实践、现象及数据分析、结论得出等各个环节所需时间。避免课堂只是呈现学生实验结果的汇报，使教师有更多对实验探究过程的指导。

（2）对"产物探究"部分的实验方案设计没有看到学生的具体探究方案设计过程和对实验现象的分析，对采用 X 射线衍射仪的必要性可以进行更加详细的表述。在时间允许的情况下，可以将该环节在课堂上适当展开呈现。

案例 15 如何实现铜置换锌——双液和纸色谱单液电解池实现"铜置换锌"反应的创新实验课

杭州学军中学 李志鹏

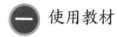 使用教材

人民教育出版社，普通高中教科书·化学选择性必修 1 化学反应原理，第四章化学反应与电能，第二节电解池的高三一轮复习的提高实验课。

二 实验器材

学生电源、烧杯、盐桥、培养皿、滤纸、导线、铜片、锌片、饱和 NaCl 溶液、浓氨水、0.5 mol/L $ZnSO_4/(NH_4)_2SO_4$（物质的量之比为 1 : 1）混合溶液、1 mol/L $ZnSO_4$ 溶液、0.5 mol/L $(NH_4)_2Fe(SO_4)_2$ 溶液。

三 实验创新要点

1. 设计得到双液电解池，可以快速（2 min 内）实现"铜置换锌"的反应，阴极锌产物纯净（见图 1）。

2. 创新性结合电解池和纸色谱知识，设计得到纸色谱单液电解池，并从正反两方面验证了该设计理念，从而简单、可视化、独创性地实现了"铜置换锌"反应。该实验有三大亮点：

（1）本实验设计为化学反应原理高三一轮复习课程的提升扩展实验，丰富和拓展了反应原理和一轮复习阶段的实验课程。

（2）良好的趣味性：同学们自己动手创造的锌树感到十分惊喜，甚至可以带回家去成为化学课得到的"艺术品"（见图2）。

（3）极佳可推广性：只需要锌片、铜片、培养皿、滤纸、导线、学生电源和 2 mL 左右的 $ZnSO_4$ 溶液，不到 2 min 即可实现，方便课堂展示。操作容易、无危险，适宜推广为学生实验（见图3）。

图1　双液电解池及现象　　　图2　实验"艺术品"　　　图3　装置图

四　实验原理

电解池原理，铜片分别作为电解池的阴极和阳极，电解液为 $ZnSO_4$ 溶液，阳极铜失电子变成 Cu^{2+}，$ZnSO_4$ 电解液中 Zn^{2+} 在阴极铜上得电子变成锌，这样就实现了 $Cu+Zn^{2+}\!=\!=\!=\!Zn+Cu^{2+}$ 的"铜置换锌"的反应。

电解 $ZnSO_4$ 溶液，刚开始能实现"铜置换锌"，随着电解过程中电镀液溶质的变化，电镀反应改变。从单液电解池改进为双液电解池，进一步改进为滤纸上进行的纸色谱单液电解池，即用锌片（阴极）和铜片（阳极）放置在浸有 $ZnSO_4$ 溶液的滤纸上进行电解实验，实现简单快速、直观可视化地实现了"铜置换锌"反应。

五 实验教学目标

1. 通过让学生自己设计实验装置，不断发现并解决问题、扩展研究，培养学生的科学探究和创新意识。

2. 在不断的证据推理验证中提升学生对电解池的模型认知。

3. 提高学生的思维和动手能力，彰显科学态度。

六 实验教学内容

1. 问题的提出：通过提出如何实现"铜置换锌"这一课题，请学生自己设计实验方案。

2. 问题的初步解决——双液电解池的设计：课堂上讨论最常见的单液电解法的不足，并得到双液电解法来初步解决此问题。

3. 问题的创新性解决——纸色谱单液电解法的设计：进一步追问双液电解池的缺陷和单液电解池的本质问题，拓展思路，深入思考，进而设计出更为创造性的纸色谱单液电解池。

4. 实验中发现的新问题——反馈和思考：关注学生在实验过程中亲身发现的新生成性问题，并及时进行讨论、得到新思考。

5. 对课题进行进一步扩展探究：如何实现"铜置换其他活泼金属"？请学生通过"铜置换锌"的学习，独立设计并实验探索"铜置换铁"的实现。

七 实验教学过程

1. 问题的提出——如何实现"铜置换锌"

在对电解池的知识复习后，向学生提出一道思考题："同学们能否实现

'铜置换锌'的反应"。这个问题带来了第一个认知冲突，学生认为这个反应不能发生。这是一个"弱制强"的反应，不能自发发生，通过课堂引导，结合对反应自发性的认知，学生理解不能自发发生不等于不能发生，只要不断向体系输入能量，反应即可发生。联系到本节内容，学生立刻想到，电解池正是一个不断向体系输入能量的装置。即将此反应设计成电解池装置，不断输入电能，即可"奇迹般"实现"铜置换锌"的反应。

结合此前做过的电镀铜的实验，请学生在课下自己来设计实验装置来实现这一"奇迹"的过程。上课前将作业中学生的各种实验设计方案进行正式的收集，归纳整理。从本节课开始，将学生分为四人一组来讨论和验证这些设计的优缺点。

2. 问题的初步解决——双液电解池的设计

学生设计最多的是单液电解池，即阳极铜失电子变成 Cu^{2+}，$ZnSO_4$ 电解液中 Zn^{2+} 在阴极铜上得电子变成锌，这样就实现了"铜置换锌"的反应。但是这种设计有什么问题呢？通过小组讨论，学生得出：Cu^{2+} 也会移动到阴极，而且会优先于 Zn^{2+} 放电，很快这个装置就会变成 Cu^{2+} 下、Cu^{2+} 上的电镀铜的反应。

学生立即搭建设计的装置进行实验验证，证明此问题确实存在：溶液很快变为 $CuSO_4$ 蓝色溶液，阴极上初期会得到锌，但很快铜出现且越来越多，很快成为电镀铜实验（见图 4）。

图 4　实验装置和现象

那么如何改进装置来解决这一问题，教师请学生继续讨论，问题本质在于阻断 Cu^{2+} 移动到阴极，有学生想到使用阴离子交换膜，更进一步，学生联想到双液原电池的设计，设计成双液电解池，即可从根本上解决这一问题。非常可贵的是有学生一开始就想到了此设计，在此基础上对这位学生的设计进行了改进，并请学生讨论、思考改进的原因。为什么阳极溶液使用加浓氨水的 NaCl 溶液？其实阳极溶液只需导电，加入浓氨水后溶液变深蓝色，即可快速鉴定生成了 Cu^{2+}；为什么阴极溶液加入铵盐？因为加入铵盐可以抑制 Zn^{2+} 的水解，减少氢气的生成。学生立即搭建装置进行实验，得到了预想的结果。实验快速、纯净地实现"铜置换锌"的反应。以下是实验演示，这样学生通过设计双液电解池，初步实现了"铜置换锌"的反应（见图 5）。

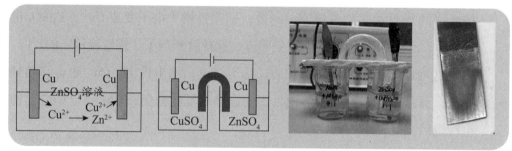

图 5　实验装置和现象

3. 问题的创新性解决——纸色谱单液电解法的设计

接下来教师继续提问：这种双液电解池是否还有问题和改进空间？学生讨论认为双液电解不够直观。那么能否可以更加简单、直观地只在同一 $ZnSO_4$ 溶液中实现"铜置换锌"反应呢？教师请学生继续进行思考——单液电解法的本质问题，即铜离子会移动到阴极放电，设计成双液电解池即阻断 Cu^{2+} 的移动，换一种思路思考，只要减慢 Cu^{2+} 的移动速率，让其在电解的时间内移不到阴极即可。如何减慢 Cu^{2+} 的移动速率呢？

教师鼓励学生大胆突破原理、有机、无机的章节限制，最终从选择性必修 3 有机物分离方法中的纸色谱法得到启发：金属阳离子在纸色谱固定相中的移动速率会减慢，只要把将溶液"固定"在纸色谱上，即可设计进行单液电解来实现。

学生进行小组讨论，得到纸色谱单液电解池设计：向培养皿中加入三层滤纸，滴入 $ZnSO_4$ 溶液刚好浸透滤纸，在滤纸两端固定锌片（阴极）和铜片（阳极）进行电解。学生搭建设计的装置进行实验，发现可以实现单液电解池"铜置换锌"反应，阴极区锌离子被还原，长成"锌树"，阳极区滴入浓氨水溶液变成蓝色，说明生成 Cu^{2+}（见图6）。

图6 实验装置和现象

教师请学生讨论能否设计实验验证，铜离子移动速率慢，没有移动到阴极？学生想到了在硫酸锌溶液中加入浓氨水，重复此实验，这样铜离子一旦产生就会显出蓝色，就可以追踪 Cu^{2+} 的移动范围。学生做了相关实验，可以看到1 min、5 min、10 min、20 min 两极的情况，锌树在不断生长的同时，铜离子的移动范围也在越来越大，但是始终未到达阴极（见图7）。

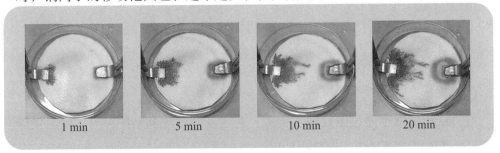

图7 实验现象

反之，如果故意调整两极间的距离，延长电解时间，让铜离子到达的蓝色区域接触阴极"锌树"，可以明显看到，在铜离子到达的蓝色区域内，闪亮的"锌树"开始变成暗红色的"铜树"，此时铜离子才到达阴极，被还原为铜。

这样通过不断讨论、思考，学生设计出纸色谱单液电解池，并从正反两方面验证了该设计理念，从而简单、可视化、创新性实现了单液电解池"铜置换锌"反应。

4.实验中发现的新问题——反馈和思考

教师关注到，学生在实验过程中，发现了一些新的问题，此时请学生继续讨论这些新生成的问题与发现：

有学生发现加入过多溶液没过纸片时，很快就在"锌树"上结出铜。教师请学生讨论：过多溶液没过纸片，则 Cu^{2+} 在上方溶液中快速移动至阴极，被还原变为铜。思考：加入的溶液要刚刚浸湿滤纸，使全部溶液"锁"在滤纸固定相上，才能真正有效控制 Cu^{2+} 移动速率，实现设计目的。

还有学生发现"锌透纸背"的现象：揭开滤纸，看到"锌树"会在第一层背面和第二层滤纸上也有生长（见图8），通过小组讨论体会到滤纸的粗糙表面对"锌树"的生长具有良好的承载作用。

| 揭开第一层滤纸 | 滤纸正面 | 滤纸背面 | 第二层滤纸 |

图8　实验现象

这样，学生通过亲自动手实验，有了新的发现和新的思考，同时加深了对纸色谱在设计中不可替代作用的理解。

5.对课题进行进一步扩展探究

在用两种方法创新性地实现"铜置换锌"后，教师继续追问，是否可以将课题继续扩展到"铜置换其他金属"？请学生通过"铜置换锌"的学习，独立探索"铜置换铁"的实现。

学生在设计并完成实验后，获得了结果，汇报如下（见图9）：普通单液电解池效果不佳，自行设计的双液电解池和纸色谱单液电解池都可以达到良好的效果（长成"铁树"），实现"铜置换铁"反应。

图9　实验效果评价

教师请学生课下将探究过程、结果、思考形成正式的实验报告。

那么是否可以进一步推广到使用电解池法实现各种"弱制强"的金属置换反应呢？教师请学生课下继续思考，设计实验，继续扩展该课题的研究。

八　实验效果评价

1.本节课以学生为主体，开展实验课堂，成功实现了围绕该"铜置换锌"微课题的一系列项目化探究和学习。

2.创新性地结合了纸色谱和电解池知识，打破了章节限制，提高学生对化学学科知识的整体认知。

3.加深了学生对于电解池的本质认知，在证据推理中提高对电解池的模型认知。

4.请学生自己设计实验方案并实现其设计,解决真实问题,激发和培养学生的科学探究和创新意识。

5.本实验具有良好的教学功能:

(1)本实验课来源于课堂的一个真实问题,又不断用实验验证课堂的讨论和设计,解决真实问题,源于课堂,归于课堂,服务于课堂,体现了实验在化学学科中的主体地位,彰显化学的学科素养和学科价值。

(2)本实验设计为化学反应原理一轮复习课程的提升扩展实验,丰富和拓展了化学反应原理相关的和一轮复习阶段的实验课程。

(3)实验培养和提高了学生设计思维能力和动手能力等科学探究能力。

点评

本实验是电解原理应用的综合体现,掌握放电顺序才能顺利设计实验。该实验打破学生认为铜不能置换锌的观念,认识到在一定条件下非自发反应可以发生,强化化学反应进行的方向知识,循序渐进、由浅入深进行实验探究。

具体亮点和建议如下:

1.亮点

(1)实验内容源于教材又高于教材。本实验以"如何实现'铜置换锌'的反应"为目标驱动,通过项目式学习创新性地融合了不同章节内容,融合大单元教学理念,构建知识网络。从教材单液电解池,到盐桥原电池启发下的双液电解池,拓展到有机教材离子迁移速率启发下的纸色谱电解池,解决真实问题,有利于学生学科知识体系的系统化。

(2)实验教学富有层次的设计有利于知识的结构化。《课程标准》明确指出"化学教学内容的组织，应有利于促进学生从化学学科知识向化学学科核心素养的转化，而内容的结构化则是实现这种转化的关键。"本实验以"如何实现'铜置换锌'的反应"为目标驱动，引导学生综合运用所学的化学知识和技能，进行实验设计和实验操作，分析和解决单液电解池、双液电解池、纸色谱电解池的实际问题，引导学生通过实验探究活动学习化学，发展学生科学探究与创新意识的学科核心素养。

（3）以实验教学真实问题情境促进学习方式转变。《课程标准》明确指出学生化学学科核心素养的发展是一个自我建构、不断提升的过程，教师要紧紧围绕化学学科核心素养发展的关键环节，引导学生积极开展建构学习、探究学习和问题解决学习，促进学生化学学习方式的转变。本实验基于一轮复习的学情和教学内容，设计"如何实现'铜置换锌'的反应"为探究学习任务，引导学生通过小组合作、实验探究、讨论交流等多样化方式解决问题，让学生在矛盾中不断升级思维，巧妙地引导学生将必做的电解实验，演化成有趣的驱动性探究活动，实现实验装置简约化、现象可视化和艺术化。

2.建议

本实验的关键为阳极溶液加氨水，鉴定 Cu^{2+} 的生成（形成络合离子而快速变蓝），阴极溶液加铵盐抑制 Zn^{2+} 水解，降低 H^+ 浓度，才能使 Zn^{2+} 在阴极得电子生成单质。在教学实践中，可依据具体学情由教师引导，学生通过查阅资料、分析、讨论得出此实验设计方案。在实验案例撰写过程中也可以对引导过程有所呈现，使内容更加饱满，同时也体现学生是课堂主体的教学理念。

案例 16　项目式合作学习"电解原理的探究"

贵阳市白云区第一高级中学　王倩

一　使用教材

人民教育出版社，普通高中教科书·化学选择性必修 1 化学反应原理，第四章化学反应与电能，第二节电解池。

二　实验器材

U 形管、铁架台、橡胶塞、酒精灯、导线、石墨电极、注射器、铁丝、火柴、玻璃棒、量筒、烧杯、试管、胶头滴管、饱和 NaCl 溶液、饱和 Na_2SO_4 溶液、饱和 $CuSO_4$ 溶液、1 mol/L $CuCl_2$ 溶液、NaOH 溶液（pH = 8 的稀溶液，pH > 13 的浓溶液）、饱和 KCl 溶液、果冻、铁氰化钾溶液、硫氰化钾溶液、乙醇、紫甘蓝提取液。

三　实验创新要点

1. 改进实验装置

改进装置操作简便，安全可靠，无气体泄露、残留，绿色环保；既可清晰观察实验现象，又能进行气体的收集、检验及尾气处理（见图 1）。

2. 改进指示剂

选用紫甘蓝提取液作为指示剂，用惰性电极电解饱和食盐水，实验现象明显。阳极溶液由紫色变为红色（因氯气与水反应生成 HCl），电极附近红色随后褪至无色（因氯气与水反应时也有 HClO 生成）。阴极溶液由紫色迅速变为绿色，随后逐渐变为黄色（因溶液中 OH^- 浓度由小到大），在 U 形管底部两极溶液交汇处还可以看到蓝色（因 7.5 < pH < 8.5 时紫甘蓝呈现蓝色，见图 2）。

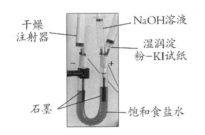

图 1　改进实验装置　　　　图 2　紫甘蓝提取液作为指示剂

3. 比较活性金属电极与溶液中离子放电能力

利用图 2 装置，在石墨电极的基础上增加金属电极，还可清晰地比较金属电极与溶液中离子在阳极的放电能力（见图 3）。

4. 模拟氯碱工业

利用图 2 装置，在 U 形管中间加入含有饱和 KCl 溶液的果冻充当离子交换膜，可以成功模拟氯碱工业（见图 4）。

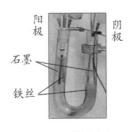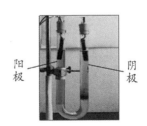

图 3　比较放电能力　　　　图 4　模拟氯碱工业

四 实验原理

1. 用惰性电极电解饱和食盐水：$2NaCl + 2H_2O \xrightarrow{\text{电解}} 2NaOH + Cl_2 \uparrow + H_2 \uparrow$

2. 比较活性金属电极与溶液中离子放电能力。

（1）石墨作为电极，阳极：$2Cl^- - 2e^- = Cl_2 \uparrow$　阴极：$2H_2O + 2e^- = H_2 \uparrow + 2OH^-$

（2）铁丝作为电极，阳极：$Fe - 2e^- = Fe^{2+}$　阴极：$2H_2O + 2e^- = H_2 \uparrow + 2OH^-$

（3）先用石墨作为电极，后插入铁丝作为电极。

阳极：$2Cl^- - 2e^- = Cl_2 \uparrow$，$Fe - 2e^- = Fe^{2+}$，$2Fe^{2+} + Cl_2 = 2Fe^{3+} + 2Cl^-$

阴极：$2H_2O + 2e^- = H_2 \uparrow + 2OH^-$

3. 用含饱和 KCl 溶液的果冻充当离子交换膜，模拟氯碱工业。

4. 紫甘蓝提取液的变色范围：$pH < 6.5$ 时，呈现粉红色；$7.0 < pH < 7.1$ 时，呈现紫色；$7.5 < pH < 8.5$ 时，呈现蓝色；$8.5 < pH < 12$ 时，呈现绿色；$pH > 12.5$ 时，呈现黄色。

五 实验教学目标

1. 通过引导学生发现电解实验中的问题，进行实验装置和实验材料的改进，发展学生科学探究与创新意识的素养。

2. 通过对电解饱和食盐水过程的分析和解释，发展学生概括关联和说明论证的能力，重新建立电解池系统分析的思维模型。

3. 通过不同类别物质的电解实验，发展学生应用实践、迁移创新的能力，帮助学生完善认识模型，构建电解原理的化学基本观念。

　　4.通过模拟氯碱工业实验，帮助学生体验化学在工业生产中的价值，增强社会责任感。

六　实验教学内容

　　以项目式学习为指导，改进电解实验装置，以紫甘蓝提取液为指示剂电解饱和食盐水。通过观察实验现象，引导学生分析阴、阳两极电极反应，溶液中离子移动方向，正确书写电极反应及电池总反应。

　　在此科学探究的基础上，学生借助含饱和 KCl 溶液的果冻，低成本模拟了氯碱工业；又借助石墨、金属铁两种电极，比较了电解饱和食盐水、饱和 Na_2SO_4 溶液、饱和 $CuSO_4$ 溶液、$CuCl_2$ 溶液等八个实验现象的异同。通过辨析、归纳、总结，学生理解了金属电极在阳极优先于溶液中的阴离子放电；借助离子的氧化性和还原性强弱，学生掌握了溶液中常见阴阳离子的放电顺序，深刻理解了电解原理。

七　实验教学过程

【项目导引】创设情境，引出问题

　　在查阅文献后发现，文献中此实验的装置大多如图5所示[①]，请学生自选装置，分组实验。

---

① 陈艳梅.“电解饱和食盐水”探究式实验教学案例分析 [J]. 化学教与学，2018(01)：87-89.

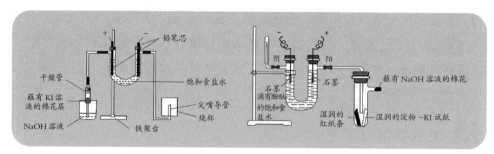

图 5　文献中电解饱和食盐水实验装置

实验中发现两个问题：

（1）导管中有氯气残留，污染环境；（2）选择酚酞作为指示剂，用石墨电极电解一段时间后，发现阴极附近的溶液先变红后变浅甚至褪色。

针对以上存在的问题，引导学生进行了两个实验探究活动。

【任务一】改进实验装置

利用中学实验室常见器材，设计一套环保、安全、简单的电解食盐水的实验装置。

活动 1：学生设计，组装仪器

从开始的气体收集，到气体的检验，到最后尾气的处理，经过三个阶段的摸索尝试，最终学生设计出一套操作简便，安全可靠，无气体泄露、残留，绿色环保，既可清晰观察实验现象，又能进行气体收集、检验及尾气处理的电解实验装置。如图 1 所示。

【任务二】改进电解饱和食盐水的指示剂

活动 2：酚酞作为指示剂，发现问题

选择酚酞作为指示剂，用石墨电极电解饱和食盐水，一段时间后，发现阴极附近的溶液先变红后变浅，底部溶液的颜色比电极附近的深。

查阅文献[①]得知，酚酞在稀的碱性溶液（pH 为 8.2~10.0）里呈红色，较长时间不褪色。酚酞在浓的强碱性溶液（pH 大于 13）里先呈红色，然后

---

① 蒯世定. 关于酚酞性质的研究 [J]. 化学教学，1999(12)：36-37.

褪为无色。用酚酞作为指示剂无法准确表达$c(OH^-)$大小的变化。

活动3：探索创新，设计实验方案

查阅文献[①②]得知，紫甘蓝、紫色茄子皮、黑香米、红苋菜、卷心菜等天然蔬菜及花草中含有花青素，它在酸碱性环境中会变色。

学生设计实验：用乙醇分别浸泡卷心菜、紫色茄子皮、黑香米、红苋菜、紫甘蓝，利用获得的提取液作为指示剂，用惰性电极电解饱和食盐水（见图6）。

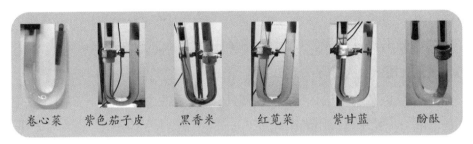

卷心菜　　紫色茄子皮　　黑香米　　红苋菜　　紫甘蓝　　酚酞

图6　使用不同指示剂时，用惰性电极电解饱和食盐水的现象对比

学生：分析讨论、对比实验现象。

活动4：交流总结，获取新知

学生总结：用惰性电极电解饱和食盐水，采用紫色茄子皮、黑香米、红苋菜、紫甘蓝提取液作为指示剂，均能看到颜色的变化，其中紫甘蓝提取液颜色变化最多，现象非常明显。

将本改进实验应用于高三一轮复习课堂教学，学生边观察实验现象，教师边引导学生思考。通过分析阴、阳两极的实验现象，学生能较容易地理解电解原理。

【任务三】比较活性金属电极与溶液中离子放电能力

学生在分组做电解饱和食盐水的实验时，由于操作不当，使阳极的溶

---

① 周春露，高兴邦. 化学让我们的生活更多姿多彩——浅谈酸碱指示剂的替代物探究 [J]. 化学教与学，2013（09）：93-94.
② 张小平. 紫甘蓝酸碱指示剂的色彩实验研究 [J]. 化学教育，2014（11）：74-76.

液与注射器的针头接触，导致阳极溶液颜色发生变化，由无色逐渐变黄。

学生产生疑问，由此教师引导学生进行活性金属铁电极与饱和食盐水中离子放电能力的实验探究。

经过多次摸索改进，最终选用以下实验方案：

（1）电解饱和食盐水，紫甘蓝提取液作为指示剂，先用石墨电极电解一段时间，待阳极溶液褪至无色后，再向阴、阳两极的溶液中插入铁丝。

（2）其他条件保持不变，阴、阳两极只用铁丝作为电极电解饱和食盐水。

（3）分别取以上两个实验阴、阳两极的溶液，分别加入硫氰化钾溶液和铁氰化钾溶液，检验是否存在 Fe^{3+} 或 Fe^{2+}。

通过分析实验结论，学生清晰地比较出活性金属电极只在阳极放电，其放电能力优先于溶液中的阴离子。

【任务四】模拟氯碱工业

氯碱工业通常采用离子交换膜法制取烧碱，在阳极室加入精制的饱和食盐水，阴极室加入纯水（加入一定量的 NaOH 溶液）。

改用含饱和 KCl 溶液的果冻可起到离子交换膜的作用，改进后可以低成本模拟氯碱工业，帮助学生体验化学在工业生产中的作用，培养学生的科学态度和创新意识。

【任务五】系列拓展实验

在此科学探究的基础上，学生借助石墨、金属铁两种电极，分别做了电解饱和 Na_2SO_4 溶液、饱和 $CuSO_4$ 溶液、$CuCl_2$ 溶液等六个对比实验。

通过对比分析实验现象，学生理解了金属电极在阳极优先放电，以及阴、阳两极溶液中离子的放电能力；借助离子的氧化性和还原性强弱，总结了溶液中常见阴、阳离子的放电顺序，对电解原理有了更加全面、深刻的认识。

八　实验效果评价

1.改进的实验装置简便、环保、安全，一装置多用途

利用中学实验室常见仪器，完成了电解原理的探究、氯碱工业的模拟、H_2 和 Cl_2 的收集、检验及尾气处理，实验过程无氯气逸出，有利于学生实验、探究式实验教学。

2.改进的指示剂颜色多变，帮助学生深刻理解电解原理

将常见的紫甘蓝提取液作为指示剂，用惰性电极电解饱和食盐水，两极溶液酸性与碱性的产生、递增、交汇过程通过清晰、美丽、多变的颜色表达得淋漓尽致，便于学生分析电解过程，理解电解原理。

3.实验趣味性强，与生产、生活密切联系

将生活中的常见物质紫甘蓝应用于化学教学，用含有饱和 KCl 溶液的果冻充当离子交换膜，较好地模拟了氯碱工业，让学生体会了电解原理在工业生产中的应用。

4.以项目式学习的形式进行实验探究，培养学生科学探究的能力与创新的意识

通过该形式探究实验，可以引发学生更多的创意，如"探究历年高考真题中出现过的碳酸钠、亚硫酸钠等物质的电解实验"，既能进行其他知识模块的探究学习，又能强化对电解原理的理解。

点评

　　本实验教师通过对电解装置文献资料的搜集，巧妙地用紫甘蓝等生活材料改进电池实验装置，现象明显且富有美感，改进后的装置应用于

电解池的项目式教学具有实用性、科学性和可推广性。

具体亮点和建议如下：

1. 亮点

（1）在信息获取方式上，利用文献资料获取实验装置图，拓宽学生获取信息的渠道。呈现参考文献，使自己的信息有据可查，增强学生尊重知识产权的意识。

（2）教学目标明确，注重"教、学、评"一体化。教学设计从发现问题出发，经过问题解决、拓展应用和创新，完成学生知识的结构化建立以及问题解决和分析概括能力的培养，教学逻辑清晰。教学过程中，学生拥有充分动脑、动手的空间，深度参与学习活动。另外，注重课堂上生成性问题的解决（如任务三），最后，改进实验的实验现象明显、美观、有趣，有利于增强学生的学习兴趣。

（3）所使用的试剂和仪器易得，绝大部分学校可以配备，能够将该创新实验复制用于项目式教学。酚酞的替代指示剂来源于生活材料，有助于拉近化学和生活的距离。

2. 建议

（1）在教学实践过程中，可以在模拟氯碱工业的环节中，组织学生通过对比分析，对普通电解池装置、改进的电解装置和真实氯碱工业的工艺进行评价。真实氯碱工业的工艺往往通过在阴极通入氧气的方法以达到节省成本的目的，即氯碱工业的工艺并不一定是在阴极得到氢气，有助于学生理解电解理论模型。

（2）创新实验教学功能旨在促进学生思维的发展，要设计好教师的教学行为去引导学生自主提出解决方案。教学实践中可适当呈现系列拓展实验的实验过程和实验结果，充分挖掘实验的教学功能。

案例 17　红外热像仪在化学实验中的应用
——以"分子间作用力的比较实验"为例

武汉大学附属中学　李鼎

一　使用教材

人民教育出版社，普通高中教科书·化学选择性必修 2 物质结构与性质，第二章分子结构与性质，第三节分子结构与物质的性质。

二　实验器材

红外热像仪（见图 1）、智能手机、50 mL 烧杯、量筒、甲醇、乙醇、正丙醇、异丙醇、正丁醇、仲丁醇、异丁醇、叔丁醇、乙醚。

图 1　红外热像仪

三　实验创新要点

1.将分子间作用力这一抽象的、不可测的概念转化为可测量的、可以通过数据和图像感知的温度变化，减少教学内容的抽象性；将分子间作用力与物质的熔、沸点（挥发时温度的变化）建立联系，帮助学生建立微观结构与宏观性质之间的关系。

2. 借助红外热像仪测温，设计简单、易操作的探究实验，直观、准确地将微观的分子间作用力的存在以及影响范德华力的因素逐一呈现，并结合实验设置层层推进的问题链，有效地推进教学。

3. 将红外热像仪应用于化学实验教学中，能够同时测量出一片或一个区域内各点的温度变化，操作简单、快捷。

四 实验原理

分子间作用力是一种微粒间的作用力，对物质的结构及其性质产生影响。分子间作用力与物质熔、沸点的知识结构如图2所示。对于由分子构成的物质，分子间存在相互作用力，主要分为范德华力和氢键。一般情况下，结构相似的物质，相对分子质量越大，范德华力越大；相对分子质量相同的物质，分子极性越大，范德华力也越大。分子间作用力越大，物质的熔、沸点就越高。分子间若形成氢键，分子间作用力变大，物质熔、沸点升高。液体挥发时由液态变为气态，分子间距离增大，克服了分子间作用力，吸收热量。分子间作用力越大，液体挥发的速率越慢，液体温度降低的量越小。

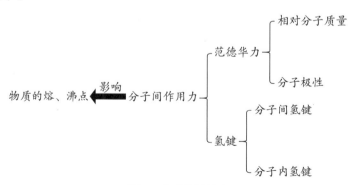

图2 知识结构图

红外热像仪是一种利用红外热成像技术，通过对被测目标的红外辐射探测，并加以信号处理、光电转换等手段进行精确地量化，将被测目标的温度分布图像转换成可见的热图像的设备。热图像（见图3）上面的不同颜色代表被测物体的不同温度。通过查看热图像，可以观察到被测目标的整体温度分布情况。

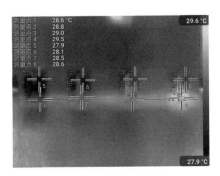

图3　红外热像仪拍照后显示的热图像

本实验利用红外热像仪测定不同有机物挥发时温度的变化，帮助学生科学地构建"分子间作用力"的概念。

五　实验教学目标

1. 通过醇类物质挥发的实验探究，理解物质熔、沸点变化与分子间作用力的关系，并探究影响范德华力的因素。

2. 利用红外热像仪热成像原理，将微观变化可视化，引导学生从宏观辨识现象，从微观探究、分析本质，提升宏观辨识与微观探析的化学学科核心素养。

3. 通过对多组实验结果的分析，建立并逐步完善熔、沸点比较的模型，发展证据推理与模型认知等素养。

六 实验教学内容

1. 分子间作用力与物质熔、沸点

取 10 mL 乙醇于 50 mL 烧杯中，用红外热像仪对烧杯进行热成像拍照，分析烧杯内液体温度的变化以及烧杯内各区域温度的分布情况。

2. 影响范德华力的因素

（1）相对分子质量。

分别取 10 mL 甲醇、乙醇、正丙醇、正丁醇于 4 个 50 mL 小烧杯中，用红外热像仪对 4 个烧杯同时进行热成像拍照，比较 4 个烧杯内液体温度的情况以及烧杯内蒸气分布情况。

（2）分子极性。

分别取 10 mL 正丁醇、仲丁醇、异丁醇、叔丁醇于 4 个 50 mL 小烧杯中，用红外热像仪对 4 个烧杯同时进行热成像拍照，比较 4 个烧杯内液体温度的情况以及烧杯内蒸气分布情况。

（3）氢键对熔、沸点的影响。

分别取 10 mL 正丁醇、乙醚于 2 个 50 mL 小烧杯中，用红外热像仪对 2 个烧杯同时进行热成像拍照，比较 2 个烧杯内液体温度的情况以及烧杯内蒸气的分布情况。

七 实验教学过程

（一）导入新课

1. 演示实验：取 10 mL 乙醇于 50 mL 烧杯中，用红外热像仪对烧杯进行热成像拍照，分析烧杯内液体温度的变化以及烧杯内各区域温度的分布情况。

2.学生活动。

（1）宏观观察实验现象：烧杯内液体的温度降低，烧杯内液面上方有蒸气，且温度比液体温度低。

（2）微观解释实验现象：液体挥发过程中，分子间间距增大，克服分子间的相互作用力，液体温度降低。

（3）建立相关模型：物质的熔、沸点 $\xleftarrow{\text{影响}}$ 分子间作用力

（4）符号表征：$C_2H_5OH\,(l) \rightleftharpoons C_2H_5OH\,(g)\ \triangle H < 0$

3.实验结论：由分子构成的物质，其熔、沸点与分子间作用力大小有关，分子间作用力越大，物质的熔、沸点越高。

4.设计目的：通过对乙醇挥发时温度的变化实验的分析，建立分子间作用力与物质熔、沸点之间的关系。通过对实验结果的分析与解释，诊断并发展学生对物质性质与微观结构之间关系的认识水平（物质水平、微粒水平）。

（二）探索新知

分子间作用力影响物质的熔、沸点，如何比较物质的分子间作用力大小？分子间作用力受哪些因素的影响？根据教师所提供的药品，设计实验证明。

1.学生实验1：分别取10 mL甲醇、乙醇、正丙醇、正丁醇于4个50 mL小烧杯中，用红外热像仪对烧杯同时进行热成像拍照，比较4个烧杯内液体温度的情况以及烧杯内蒸气分布情况。

（1）观察实验现象：经过相同时间，烧杯内液体的温度按正丁醇、正丙醇、乙醇、甲醇的顺序逐渐降低，且烧杯内液面上方蒸气逐渐增多。

（2）微观解释实验现象：经过相同时间，甲醇温度降低得最多，挥发速率最快，克服的分子间作用力最小，因此甲醇、乙醇、正丙醇、正丁醇的分子间作用力逐渐增大。

2. 学生实验 2：分别取 10 mL 正丁醇、仲丁醇、异丁醇、叔丁醇于 4 个 50 mL 小烧杯中，红外用热像仪对烧杯同时进行热成像拍照，比较 4 个烧杯内液体温度的情况以及烧杯内蒸气分布情况。

（1）观察实验现象：经过相同时间，烧杯内液体的温度按正丁醇、仲丁醇、异丁醇、叔丁醇的顺序逐渐降低，且烧杯内液面上方蒸气逐渐增多。

（2）微观解释实验现象：经过相同时间，叔丁醇温度降低得最多，挥发速率最快，克服的分子间作用力最小。因此，叔丁醇、异丁醇、仲丁醇、正丁醇的分子间作用力逐渐增大。

3. 学生实验 3：分别取 10 mL 正丁醇、乙醚于 2 个 50 mL 小烧杯中，用红外热像仪对烧杯同时进行热成像拍照，比较 2 个烧杯内液体温度的情况以及烧杯内蒸气分布情况。

（1）观察实验现象：经过相同时间，烧杯内乙醚的温度较正丁醇的温度降低得多，且烧杯内液面上方蒸气也比正丁醇的多。

（2）微观解释实验现象：经过相同时间，乙醚温度降低得多，挥发速率快，克服的分子间作用力较小，因此乙醚的分子间作用力小于正丁醇的分子间作用力。

4. 设计目的：利用数字化实验仪器对分子间作用力大小进行比较，发展学生实验探究水平。通过对多组实验结果的分析，建立并逐步完善熔、沸点比较的模型，发展证据推理与模型认知等素养。通过建立物质熔、沸点比较的模型，发展学生认识思路的结构化水平。

⑧ 实验效果评价

在本节课的实验教学中，将红外热像仪引入化学实验中，使实验操作方便、简单、快捷，直观、准确且动态地将分子间作用力这一抽象的概念转化为可测量的温度变化，使微观变化可视化。整个过程中，学生利用仪器表征出图像信息，宏观比较物质熔、沸点，用分子间作用力相关知识进行微观分析，最终用符号表征，实现四重表征。将分子间作用力与物质的熔、沸点（挥发时温度的变化）建立联系，帮助学生建立微观结构与宏观性质之间的关系。学生建构并不断完善分子间作用力与物质熔、沸点关系的模型，将知识结构化。

课后有学习小组利用红外热像仪探究了钠与水、酸碱中和实验的温度变化，提高了学生学习的热情。

点评

本实验优点在于利用红外热像仪分析分子间作用力，选题独特，视角新颖。巧妙运用热成像仪分析相对分子质量不同的甲醇、乙醇、正丙醇、正丁醇的分子间作用力强弱。在此基础上进一步分析相对分子质量相同的叔丁醇、异丁醇、仲丁醇、正丁醇的分子间作用力强弱，最后探究氢键的影响。直观、准确且动态地将分子间作用力这一抽象的概念转化为可测量的温度变化，使微观变化可视化，为实验创新提供了新思路、新方法、新途径，具有较强的推广意义。

具体亮点和建议如下：

1.亮点

（1）思维开阔，不局限于直接进行实验探究。分子间作用力以及氢键都是微观层面的内容，看不见、摸不着，进行直接探究难度较大，本实验换了一种思路，不直接探究分子间的间距变化，而是巧妙利用热成像原理，对分子间间距进行微观探究，使微观变化可视化，学生能够直观感受间距变化，更加有利于对分子间作用力的理解，同时也开阔学生视野，丰富思考维度。

（2）利用物理学科知识进行化学实验探究，实现跨学科有机结合。热成像法本属于物理学科的知识范畴，教师将其应用在化学实验探究中，充分说明了自然学科之间存在着关联。《课程标准》明确指出：在化学教学中，教师还应重视跨学科内容主题的选择和组织，加强化学与物理学、生物学、地理学、材料科学和环境科学等学科的联系与融合，引导学生在更宽广的学科背景下认识物质及其变化的规律，帮助学生拓宽视野，开阔思路，综合运用化学和其他学科的知识分析解决有关问题，发展学生的科学素养。

（3）善于思考，潜心教学，掌握学情，以人为本。教材中并没有关于分子间作用力的实验，而由于该部分内容比较抽象，学生很难从本质上掌握，通过本实验的探究，学生直观地观察到分子间作用力的真实存在。

2.建议

实验中利用红外热像仪探究分子间作用力、范德华力影响因素多为教师的提议，学生设计实验方案、自主探究的细节描述还可以更为详尽。可通过增加情境创设、学生活动来提高学生参与度，如探究过程中试剂的选择，对比试验方案的设计等，充分体现学生的主体地位。此外在学生接触红外热像仪后，可激发学生对红外热像仪使用范围的更多思考，为不同类型晶体熔、沸点的比较内容的学习做铺垫。

案例 18　气相色谱法在羧酸性质教学中的应用

上海市大同中学　梁晟斌

一　使用教材

上海科学技术出版社，普通高中教科书·化学选择性必修 3 有机化学基础，第 3 章烃的含氧衍生物，第 3 节羧酸及其衍生物。

二　实验器材

无线气相色谱仪、微量进样器、恒温水浴加热器、试管、酒精灯、铁架台（带铁夹）、乙酸、乙醇、浓硫酸、饱和碳酸钠溶液。

三　实验创新要点

羧酸与醇发生酯化反应，该反应作为高中有机化学的重要反应，与多数有机反应类似，存在反应不完全并伴随副反应等情况。教材中通过对代表物乙酸和乙醇混合恒温水浴加热，将产物蒸出至饱和碳酸钠溶液中，以得到较纯净的乙酸乙酯产物，学生通过扇闻所得液体，观察分层等现象来判断主要产物。但是通过实验现象无法回答本实验的一些形成性问题，如：

乙醇与乙酸乙酯沸点接近，边反应边蒸馏是否会蒸出大量乙醇和乙酸？能否选用冷凝回流的方式制备乙酸乙酯？

为什么选用水浴加热而不选择直接加热，两者有何区别？

为什么需要将生成的乙酸乙酯蒸出至饱和碳酸钠溶液中？饱和碳酸钠溶液的作用是什么？洗涤产物后是否达到了理想的效果？

在以往的教学中，教师总是通过理论推导回答这些实验问题，但没有直观可靠的实验现象让学生信服。故本实验设计通过运用简易气相色谱技术，引导学生在课堂上完成，并即时结合实验现象，对生成物进行检测，实现课堂上对学生实验设计的即时反馈，并能达到以下效果。

1. 解决形成性问题

运用气相色谱法，可以将生成物的气相色谱图与乙酸乙酯纯净物的气相色谱图进行对比，通过图像能在课堂上直接得出"产物是什么"的实验结论，实现课堂实验中对有机物的现场检测，解决学生的一些形成性问题。

2. 深化证据推理

通过气相色谱图能明显给出生成物与杂质的相对浓度，即对酯化反应的各产物浓度有较为直观的了解，有助于学生分析与探究杂质的成分，并了解除杂的原理与效果（如"为何用饱和碳酸钠溶液洗涤产物？""效果如何？"），直观分析出饱和碳酸钠洗涤后的产物成分，建立从感性认识向理性认识的过程，对有机实验过程有更深刻的理解。

3. 提高课堂效率

本实验试剂用量较少，一次制备实验可进行多次检测，运用小型耐压试管取 3 mL 左右反应物即可快速在课堂上完成实验，可以减少课堂上乙酸乙酯制备的量与所需时间。

4. 体现时代特征

新型仪器技术已经成为当前有机化学研究的基本工具，《课程标准》弱化了化学分析手段，强化了仪器分析手段，这些调整有利于拓宽学生的知识视野。本实验依据化学发展特点和实际教学调整相关内容，体现了内容的时代性。气相色谱法还可以运用到其他有机反应的分析中，如乙醇的氧化反应、苯的硝化反应等。这一系列的创新实验让学生体验了从定性到定量的科学探究过程，感受到现代化学技术的发展对科学研究的助推作用，发展学生综合解决问题的能力。

四 实验原理

气相色谱法是指用气体作为流动相的色谱法（GC）。将待分析样品在气化室气化后，被惰性气体（即载气，也叫流动相）带入色谱柱，柱内含有液体或固体固定相，由于样品中各组分的沸点、极性或吸附性能不同，当多组分的混合样品进入色谱柱后，由于吸附剂对每个组分的吸附力不同，经过一定时间后，各组分在色谱柱中的运行速率也就不同。吸附力弱的组分容易被解吸下来，最先离开色谱柱进入检测器，而吸附力最强的组分最不容易被解吸下来，所以最后离开色谱柱。因此，各组分得以在色谱柱中彼此分离，依次进入检测器中被检测。检测器能够将样品组分转变为电信号，而电信号的大小与被测组分的量或浓度成正比（见图1）。当将这些信号放大并记录下来时，就是气相色谱图。

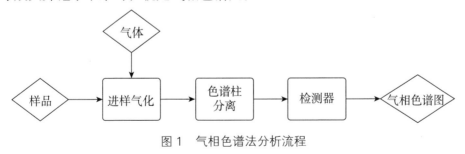

图1 气相色谱法分析流程

五 实验教学目标

1. 运用化学平衡移动原理分析乙酸乙酯制备的条件和装置设计。

2. 理解运用气相色谱法测定酯化反应产物的原理，并探究酯化反应的产物和净化方式。

3. 通过对产物的图像分析，改进乙酸乙酯制备的实验方案，培养证据意识，构建现象与实验设计的基本关系，完善有机物制备的认知模型。

 六 实验教学内容

1. 了解乙酸乙酯的形成原理，设计乙酸乙酯的实验室制备方案，并交流讨论。

2. 根据方案设计，搭建实验装置，运用气相色谱仪测定反应产物。

3. 根据实验结果对制备装置和反应后处理方法重新设计，并归纳出乙酸乙酯的制备条件，感受科学探究的重要过程。

七 实验教学过程

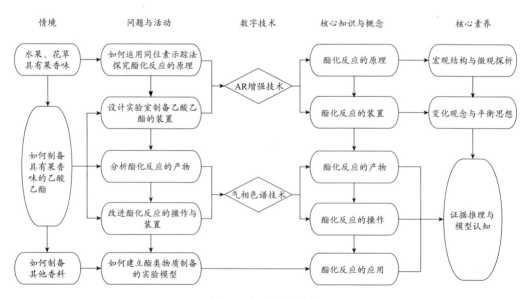

图 2　实验教学过程

【情境引入】了解果香味，运用 AR 装置设计思考如何在实验室制备乙酸乙酯（提供反应所需试剂与乙酸、乙醇、乙酸乙酯的基本物理性质）。

【学生活动1】分组讨论如何制备乙酸乙酯，交流装置设计（见图3）。

方案1：将反应物混合后用酒精灯直接加热，根据乙酸乙酯的沸点，可直接将产物蒸出。

方案2：由于乙醇和乙酸的沸点都不高，所以将反应物加热回流一段时间，然后再进行后处理。

方案3：用水浴将乙醇和乙酸乙酯直接蒸出，并将产物通到水中，除去溶于水的乙醇。

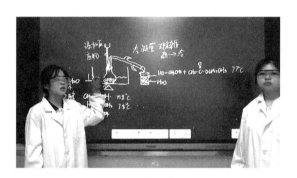

图3　学生介绍实验方案

【学生活动2】分组搭建装置并制备乙酸乙酯（见图4）。

图4　学生搭建实验装置

【提问1】如何证明自己的实验设计达到了应有的实验效果？

【演示实验1】利用气相色谱仪检测其中一组学生制备的乙酸乙酯产

物，介绍气相色谱法的基本原理，给出乙酸、乙醇、乙酸乙酯的出峰曲线。

【学生活动3】学生运用气相色谱仪测定自己的产物，思考以下问题：

①自己设计的实验方案是否达到了预期的效果？

②如果达到了，你的哪些设计提高了乙酸乙酯的产率？

结果1：根据气相色谱图，使用水浴加热，酯化反应中也会产生乙酸（见图5）。

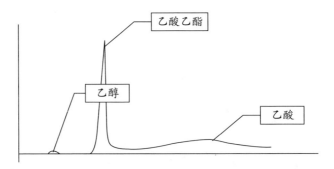

图5　水浴加热制备乙酸乙酯所得图像

结果2：根据气相色谱图，直接加热，可能会有乙醚等副产物（见图6）。

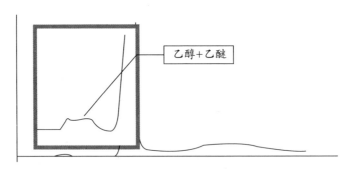

图6　直接加热可能生成乙醚等副产物

【提问2】如果没有达到预期，可以在哪些方面进行改进？

【演示实验2】根据学生改用饱和碳酸钠溶液洗涤产物的要求，再次用气相色谱仪测定改用饱和碳酸钠溶液洗涤后所得的产物，对比分析结果（见图7）可以发现乙酸的含量降低。

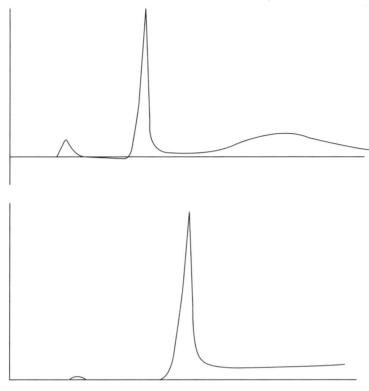

图7　洗涤前的产物（上）和洗涤后的产物（下）

【课堂小结】由乙酸和乙醇制备乙酸乙酯，在实验设计过程中需要根据实验结果，不断进行改进，才能获得理想的效果，这也是科学探索的必要过程。

【课后思考】如何制备乙酸正丁酯，它与乙酸乙酯的制备装置有什么区别，请根据已有的反应物及生成物的物理性质设计实验，并说明原因。

八　实验效果评价

本实验通过运用气相色谱仪来检验反应的产物，实现课堂上对乙酸乙酯制备产物的测定，直观地分析出有机反应的一些副产物，并解决学生的一些形成性问题。学生可以直观地通过图像和数据来代替教师大量的语言解释抽象的化学知识。同时，将定性分析实验上升为"定性＋定量"演示实验，对于现象不明显、副产物较多的有机实验教学有着独特的效果。除了能在乙酸乙酯制备实验中运用，还能运用在乙酸丁酯的制备、硝基苯的制备、溴苯的制备、乙醇的氧化等各类有机实验教学中起到检测、分析的作用，从而促进学生感受化学、技术与社会的紧密联系。在帮助学生全方位、多视角认识有机反应特点的同时，提升学生数据分析、证据推理的化学学科素养。

点评

　　"乙酸乙酯的制备与性质"是《课程标准》明确规定的高中化学选择性必修课程学生必做实验之一。本实验教学创新性地运用气相色谱仪，对乙酸乙酯制备实验的生成物进行实时检测，同时引入仪器分析手段，让实验教学有创新性、实用性和借鉴性，并很好地通过实验教学发展了学生的化学学科核心素养。

　　具体亮点和建议如下：

　　1. 亮点

　　（1）该实验教学目标紧扣课标、教材和学情，表述明确、具体，可测量，实验内容符合目标要求。

　　（2）从教学过程的呈现上看，该实验教学注重教师为主导、学生为主体的启发式和探究式教学，教师引导学生思考如何制备乙酸乙酯，以平衡移动原理分组讨论分析制备的条件和装置，运用新仪器检测产物，构建乙酸乙酯实验模型。学生掌握探究的基本思路，在此基础上应用此模型，思考乙酸正丁酯的制备及其性质研究。

　　（3）以新型仪器技术发展学生证据推理学科素养。《课程标准》学业要求明确指出，能说出测定有机化合物分子结构的常用仪器分析方法，能结合简单图谱信息分析判断有机化合物的分子结构。本实验以经典的"乙酸乙酯的制备与性质"必做实验为知识载体，引入改进的简易气相色谱技术，实现课堂上对乙酸乙酯制备产物的测定，通过图像和数据直观地分析出有机反应的一些副产物，让学生感受新仪器对科学研究的价值，通过对照实验图，发展学生证据推理的科学素养。

（4）以新型仪器技术发展学生科学探究学科素养。《课程标准》明确指出，化学教学内容的组织，应有利于促进学生从化学学科知识向化学学科核心素养的转化，而内容的结构化则是实现这种转化的关键。本实验以简易气相色谱技术，对提出的三个问题：①能否选用冷凝回流的方式制备乙酸乙酯？②为什么选用水浴加热而不选择直接加热？③饱和碳酸钠溶液的作用是什么？进行实验探究，以图像和数据直观形象地检验产物和副产物，对比直接加热和水浴加热以及饱和碳酸钠溶液对乙酸乙酯制备的作用，让学生多视角了解有机反应的特点和新仪器对化学发展的作用，能促进学生科学探究与创新意识、证据推理与模型认知、科学精神与社会责任的学科素养培养。

2.建议

（1）在"给出乙酸、乙醇、乙酸乙酯的出峰曲线"环节之前，增加"分析纯乙酸、乙醇、乙酸乙酯测出相应的出峰曲线"的环节，提高学生对"气相色谱图谱"的认知。

（2）在学生活动的方案设计中，可以尝试引导学生利用现有装置进行整合，强化对仪器原理的掌握，同时也能培养一定的创新意识。

（3）气相色谱仪使用门槛过高，因此对教学设计过程中提到的简易无线气相色谱仪可以进行相应的设计介绍，这样有助于其他教师复现课堂实验效果，也有助于将此技术推广运用到其他实验中，如叶绿素的分离与检验等。

案例 19　石油分馏

上海市大同中学　梁晟斌

 使用教材

上海科学技术出版社，高级中学课本·化学高中二年级第二学期（试用本），第 11 章认识碳氢化合物的多样性，第 1 节碳氢化合物的宝库——石油。

二　实验器材

铁架台（铁圈）、酒精灯、陶土网、烧瓶（100 mL）、沸石、定制分馏柱、冷凝管、双球 U 形管、便携式红外热像仪、蒸馏水、丙酮、石油原油、酸性 $KMnO_4$ 溶液。

三　实验创新要点

教材中设计了石油分馏的演示实验，但实践发现，该实验设计安全性低、耗时长，不利于课堂演示；分馏柱的设计导致石油馏分无法取出，无法联系工业实际；实验现象不明显，学生会误认为石油馏分为纯净物。

为解决以上问题，对本实验进行了改进，主要分为两个方面：一是仪器改进，提高实验安全性和功能性；二是检测方法改进，使实验过程变得可视化、实验结果数字化，便于学生观察。

1. 仪器改进

安全性：参考石油工业中分馏的设计，在分馏柱的上端加上冷凝管，并且在 U 形管出口处加一个气球，以保证实验在相对密封的条件下进行，提高课堂演示的安全性。

功能性：对原分馏柱结构重新设计，将原来双出口改成单出口，缩小分馏柱的管径，使分馏柱内的石油馏分能更快地达到平衡的回流比（基本可以在 10~15 min 完成实验）；取消原有的温度计出口，加入带有活塞的馏分出口，以便实验后安全、便捷地取出馏分（见图 1）。

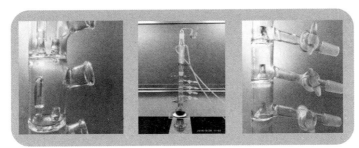

图1　教材使用的分馏柱（左），改进后的分馏装置（中）与改进后的分馏柱放大图（右）

2. 检测方法改进

本实验最大的问题在于实验现象不明显，取消了温度计，如何观察石油蒸气成分的变化呢？通过引入热成像技术，让学生从一个全新的角度来观察分馏实验。

红外热像仪是一个将热辐射信号转化成图像信号的仪器，区别于电偶式温度计，红外热像仪能完整、直观地呈现整个图像中的温度情况与变化。对于石油分馏实验，由于分馏柱不同位置的蒸气成分不同，也可以看出不同颜色，从而得知馏分的不同沸点，这样就解决了电偶式温度计只能测定几个温度点的局限性，可以直接观察到分馏实验的动态过程。

四 实验原理

石油分馏是将石油中几种不同沸点的混合物分离的一种方法。工业上先将石油加热，使其变成蒸气后输进分馏塔。在分馏塔中，位置越高，温度越低。石油蒸气在上升途中会逐步液化，冷却及凝结成液体馏分。相对分子质量较小、沸点较低的气态馏分则慢慢地沿塔上升，在塔的高层凝结；相对分子质量较大、沸点较高的液态馏分在塔底凝结。这些分馏产物便是石油化学原料，可再制成许多的化学品。

五 实验教学目标

1. 知道石油的组成与形成过程。

2. 通过蒸馏实验，了解利用物质沸点差异进行分离的基本原理。

3. 通过小组讨论，分析、探究石油分馏的过程，说出石油分馏的基本原理。

4. 利用热成像技术观察蒸馏与分馏实验，了解石油的炼制，体会化学、技术与社会的紧密联系，增强社会责任感。

六 实验教学内容

1. 通过热成像技术观察蒸馏过程。

2. 类比探究石油分馏的基本原理。

七 实验教学过程

（一）通过热成像技术观察蒸馏过程

问题1：如何从石油中分离出不同的产品（汽油、柴油……）？

思考：阅读资料，分组讨论，分析石油组成与石油成分的物理性质，得出利用性质差异对混合物进行分离的实验方案。

实验1：蒸馏实验。通过红外热像仪观察混合物（丙酮∶水 =1∶1）蒸馏过程（见图2），记录蒸馏装置不同时间、不同区域的温度，并交流、分享实验结果。

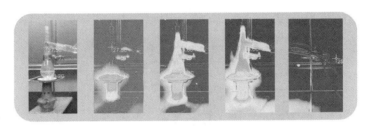

图2 水和丙酮（1∶1）的混合溶液蒸馏热成像图

（二）类比探究石油分馏的基本原理

问题2：像石油这样复杂的混合物是否也可以利用该原理进行分离呢？是否可以用同样的装置呢？

实物展示：简易分馏装置（见图3）。通过红外热像仪重新观察该实验中玻璃管表面的温度变化特点。

学生活动：体会热成像技术测定温度的便捷，尝试说出用长玻璃管从石油中分离不同物质的原理。

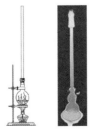

图3 简易石油分离装置（左）、热成像图（右）

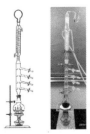

图4 石油的分馏装置

问题 3：结合资料库中的信息，如果要得到汽油、煤油、柴油的产品，需要如何改进装置？并说出改进的依据。

学生活动：设计石油分馏装置，交流讨论，改进装置，分享方案。

实物展示：结合工业设计说出装置（见图 4）中各部分仪器的名称和作用。

实验 2：石油分馏实验。向分馏装置中加入 50 mL 石油原油，再加入沸石，用酒精灯加热，通过红外热像仪观察其温度变化（见图 5），直至分馏柱各部分的温度不再发生变化，停止反应，取出馏分。①描述实验现象；②说出分馏的基本原理。

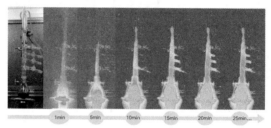

图 5　利用热成像技术观察石油分馏过程

课外实践：查阅相关资料，了解石油的炼制过程，思考热成像技术在其他实验中的应用。

八 实验效果评价

通过对分馏装置进行重新设计，使演示实验与工业实际相结合，提高了该实验在课堂中的可操作性，能安全、便捷地得到馏分；引入热成像技术，从全新的角度观察原来看不到的现象，使石油分馏过程可视化，实验结果数字化。整个实验设计将定性分析实验上升为"定性＋定量"的演示实验，能促进学生感受化学、技术与社会的紧密联系，帮助学生全方位、多视角认识物质分离的全过程。

在本节课中，教学的方式从原来的以教师为主的理论分析转化成以学生为主的实验探究，通过直观的图像和数据代替了教师用大量语言解释抽象的概念。学生能通过观察实验现象，类比探究、自主分析得到相应结论，掌握石油的分馏原理，有助于提升学生宏观辨识、变化观念、证据推理、实验探究等化学学科核心素养。

点评

"石油分馏"是中学化学物质分离、提纯常用方法的实际应用，该实验对教材中石油分馏实验改进优化，借助热成像技术解决了电偶式温度计只能测定几个温度点的局限性，可以直接观察到分馏实验全动态过程的温度变化，建立学生对石油分馏实验的科学认知模型。实验设计有创新性、实用性，值得借鉴。

具体亮点和建议如下：

1. 亮点

（1）该实验教学目标紧扣教材和学情，表述明确、具体，实验内容符合《课程标准》要求。

（2）该实验创新性地把石油分馏实验进行两个方面改进：一是改进教材仪器，提高实验安全性和功能性；二是检测方法改进，使实验过程变得可视化、数字化。改进实验融入教学，充分认识并发挥了实验的教学价值，使石油分馏教学由传统的讲授式教学转变为基于"实验—探究"的教学，有利于化学学科核心素养的落实。

（3）从教学过程的呈现上看，该实验教学注重教师为主导的启发式教学，由水和丙酮混合物分离的蒸馏实验，启发学生思考石油的分离方法。从简易分馏装置到自主改进的石油分馏装置，帮助学生搭建思维进阶的脚手架，注重学生的最近发展区。同时，借助热成像技术实时直观地显示温度的变化，推动学生创新思维的发展和分馏认知模型的建立。

（4）从教学效果的呈现上看，该实验教学巧妙地用热成像技术，实时、直观地显示温度变化，有利于学生认识科学技术对化学研究的作用，促进学生感受化学、技术与社会的联系。实验过程也注意到安全性和便捷性，拉近工业生产和理论实验的距离，有利于学生建立全方位、多视角认识物质分离全过程的思维模型。

2. 建议

（1）在教学实践时，可多增加师生、生生的互动；鼓励小组讨论，加强生生、师生互评，由此发挥学生创造性思维改进优化实验装置，进而展示实验的创新之处，最后让学生评价改进后的实验装置，将创新实验的教育价值扩大化。

（2）可以进一步尝试拓展热成像技术在高中化学中的应用，更好地发挥热成像技术对基础实验的辅助功能和教育功能。

（3）对于原实验中电偶式温度计的局限性，在教学实践中也可以引导学生自主发现，构建可进行实验的理论模型，或者通过课前展示、评价学生对混合物进行分离的实验方案，推进探究环节。实验探究过程突出模型的建立和应用过程，可以更好地发展模型认知的学科素养。

案例 20　探秘静电纺纳米纤维空气过滤膜

上海市徐汇中学　张德贵

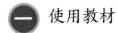 使用教材

上海科学技术出版社，高中拓展型课程教材·多彩的功能膜（试验本），第一章多种多样的功能膜，第二节如何制备功能膜。

二　实验器材

简易静电纺丝设备、恒温磁力搅拌器、磁子、气体过滤效果评价装置、秒表、聚偏氟乙烯（PVDF）、二甲基亚砜（DMSO）。

三　实验创新要点

为了满足学生的学习发展需求，解决没有适合高中生探索的静电纺丝设备的教学痛点，教师在科学家的学术支持下，自制了简易静电纺丝设备，如图 1 所示。

图 1　简易静电纺丝设备

（1）装置主要部件：恒速推进泵（精密调整喷射速率）、普通注射器（代替专业喷头）、手动升降台（上置铝箔代替接收屏）、高压直流电源（可调电压 0~30 kV）。

（2）教学附加部件：黑色底板（便于观察射流）、小灯（可变向，便于观察射流）、安全防护罩（隔离所有带电区域，防止误触）。

（3）创新点：①精简专业设备结构；②可调节多个参数；③可靠的安全防护；④可制作多种纳米静电纺膜的通用设备；⑤强化了教学上的可视性。

四　实验原理

静电纺丝是一种特殊的纤维制造工艺，聚合物溶液在强电场中进行喷射纺丝。如图 2 所示，由于喷丝头上外加了高电压，使液滴表面带同种电荷，当静电排斥作用足够强时，可以克服液滴表面张力形成喷射细流，此时液滴不是球形而是圆锥形，并从圆锥尖端延展得到纤维细丝。这种方式可以生产出纳米级直径的聚合物纤维。

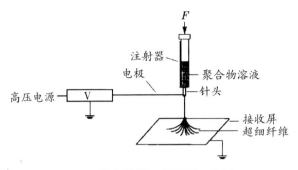

图 2　静电纺丝工作原理示意图

五　实验教学目标

1. 体验静电纺纳米纤维空气过滤膜的研制过程。

2. 自主设计纺丝液浓度、喷射距离等参数，认识技术参数的重要性。

3. 坚持参加小组实验活动全过程，养成合作的习惯和有毅力的人格。

4. 增强对高新科技的关注意识和学习信心，感受科技解决现实问题的价值。

六　实验教学内容

1. 第一课：讲解任务要求、学生查阅资料、自主设计参数。

2. 第二课：学生小组交流设计，并配制静电纺溶液（需溶解约 12 h）。

3. 第三课：以小组为单位进行静电纺制膜（需 6~8 h）。

4. 第四课：自制静电纺空气过滤膜性能检测，实验结果交流。

七 实验教学过程

1.第一课。

（1）讲解活动要求（任务具体要求、讲解实验设备、安全事项、发放学习任务单）。

（2）学生自查资料（以小组为单位）。

（3）实验方案设计（学生讨论小组分工、自主设计实验参数、实验方案交流）。学生小组设计的部分实验参数如图3所示。

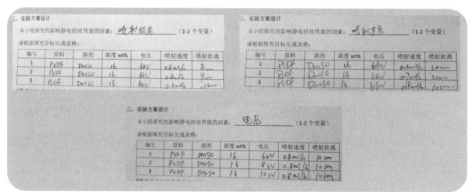

图3　学生小组自主设计的实验参数（部分）

2.第二课，学生实验操作流程如图4所示。

（1）教师指导配制纺丝液要点，提示安全操作。

（2）学生用恒温磁力搅拌器自主配制静电纺丝溶液。

①称量原料　②按配比与溶剂混合　③设置温度、转速等　搅拌　搅拌

参数　（初）　（终）

图4　第二课时实验操作流程

3. 第三课，学生实验操作流程如图 5 所示。

（1）教师指导简易静电纺丝设备操作要点，提示安全操作。

（2）学生自主调节技术参数，进行静电纺制膜。

①将纺丝液　　②将注射器安装上　③放置接收屏（铝箔）　④调节喷射距离
抽入注射器　　简易静电纺丝设备

⑤设置喷射速度　⑥设置电压　⑦开始静电纺丝制膜　⑧纺丝完成后，将
　　　　　　　　　　　　　　（6~8h）　　　　　　膜从铝箔上撕下

图 5　第三课时实验操作流程

4. 第四课。

（1）小组交流各自膜产品的外观特征。

（2）教师介绍用气体过滤效果评价装置（见图 6）检测膜过滤性能的方法。

（3）自主检测自制膜的过滤效果。

（4）交流探索实验条件得到的结论，如表 1 所示。

图 6　气体过滤效果评价装置

表1 探索静电纺空气过滤膜实验条件的结论

学生小组	探究变量	实验结论
1	电压	6~10 kV 范围内，电压越大，过滤效果越好
2	纺丝液浓度	16~19 wt% 范围内，浓度越小，过滤效果越好
3	喷射距离	8~10 cm 范围内，距离越远，过滤效果越好
4	喷射速率	0.6~0.8 mL/h 范围内，速率越慢，过滤效果越好

八 实验效果评价

1.简易静电纺丝设备成功制作过滤膜，且达到"纳米材料"标准

如图7所示，通过对自制膜样品的扫描电子显微镜（SEM）图像分析，纤维直径小于 $1\mu m$，达到了广义上"纳米纤维"的标准。

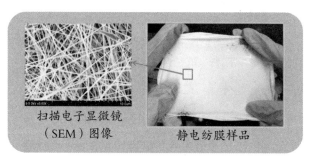

扫描电子显微镜（SEM）图像 　　静电纺膜样品

图7 自制膜样品的扫描电子显微镜（SEM）图像分析

2.自制空气过滤膜的过滤效果出色

通过气体过滤效果评价装置左下角传感器实时显示的 AQI 空气质量指数变化情况，评价膜的过滤效果。如图8所示，严重污染空气（AQI 值在 500 以上）通过静电纺过滤膜过滤后可得到优质空气（AQI 值在 50 以下），说明自制空气过滤膜的过滤效果很好。

严重污染空气　　　　　　用静电纺过滤膜过滤　　　　　优质空气
（AQI 值在 500 以上）　＋　（先将膜剪裁、加框固定）　→　（AQI 值在 50 以下）

图 8　自制空气过滤膜的过滤效果测试

点评

　　"探秘静电纺纳米纤维空气过滤膜"是高中拓展型实验课程。本实验教学案例通过自制简易静电纺丝设备，引导学生探索"静电纺丝成膜法"，发挥实验独特的教学价值。实验教学有创新性、实用性和借鉴性，通过实验教学很好地发展了学生的实践能力和探究精神。

　　具体亮点和建议如下：

　　1. 亮点

　　（1）该实验课程选题紧扣各种功能性膜材料涌现的时代背景，通过自制简易静电纺丝设备，把静电纺丝的理论知识转化为学生可操作探究的实验装置，拉近科技前沿与学生的距离。

　　（2）从教学过程的呈现上看，该实验教学基于教材"多彩的功能膜"和学情的基础上，注重学生的最近发展区，采用教师为主导、学生小组为主体的启发式和探究式教学。

　　（3）从实验效果上来看，该自制实验装置能很好地呈现预期的实验效果。如借助小灯和黑色背景等直观看到静电纺丝现象，用扫描电子显微镜（SEM）图像微观呈现自制的纳米级直径膜，用自制空气过滤膜直观显示对污染空气的过滤效果。通过自制实验装置进行的"静电纺丝成膜"实验，巧妙地运用实验装置引导学生设计探究实验，让学生感受数据参数对效果的影响，有利于发展学生关键能力。

（4）本实验运用单元教学设计，将内容分为了四个课时，分别为教师讲解任务"静电纺丝成膜法"，学生查阅资料，分组自主设计探究因素和参数，小组进行静电纺制膜实验，得出实验结论，并进行交流。围绕实验目标分为四个课时，循序渐进，课时安排合理。这种综合性、长周期的研究项目，培养学生通过团队合作与持续不断的努力来发展解决问题的能力，同时也突出对学生实验探究能力的培养。

2.建议

（1）可以以"静电纺丝设备的制作"对比真实工业中的静电纺丝设备，启发学生的创新和实践能力，融合更多元化的探究过程，多角度挖掘实验教学的功能和价值。

（2）在本实验教学单元的基础上构建"多彩的功能膜"教学大单元，尝试将由单一的实验教学变为促进知识进阶的大概念教学。

（3）在实验探究实践中，自变量组数可按梯度适当增加并设立空白对照组，如电压按 0 kV、2 kV、4 kV、6 kV、8 kV、10 kV 进行试验，以求得到过滤效果最好的样品，让学生体验探究性实验的对照组设计的一般规律。

结　语

目前，高中化学实验教学普遍存在以知识为中心的现象，过于关注孤立知识点的落实，过于关注实验现象对具体知识点的体现和解释，忽略化学实验在具体问题情境中的作用，忽视科学探究的逻辑性与连贯性，导致学生在面对真实复杂情境和多点关联结构问题时往往不知所措。为了帮助广大中学化学教师尽快从"知识点为本"的教学转向基于"真实情境""科学研究"的"素养为本"教学，深刻理解《课程标准》在实施建议部分提出的"充分认识化学实验的独特价值，精心设计实验探究活动"，我们编写了《中小学实验教学指导与创新案例 高中化学》一书。

在编写本书的过程中，我们踏上了一段既充满挑战又无比充实的旅程。此刻，当文字最终定格，心中涌动的不仅是完成使命的欣慰，更多的是对这段创作历程的深刻回顾与对未来教育的无限憧憬。

缘起：化学之美的召唤

一切始于对化学这门学科深刻魅力的认识。化学不仅是元素周期表上的符号和反应方程式，它还是我们周围世界的构造语言，是生命本质的揭秘者。实验之美在于它不仅能够深化我们对科学原理的理解，还能激发学生的探索欲望和创新思维。

在本书中，我们挑选了一系列精心设计的创新实验，以期提升实验的教育价值和实践效果，具体体现在以下几个方面：1. 展现数字化实验的可视化魅力。采用数字化实验工具，如 pH 传感器和温度传感器，将微观变化直观动态展示，帮助学生观察到肉眼难以察觉的现象，如电离平衡随浓度和温度的变化。这种微观过程的可视化不仅增强了学生对抽象概念的直观感知，还提高了他们分析和解决问题的能力。2. 情境化学习与实践结合。将实验融入生活情境，如处理蚊虫叮咬的家庭方案和鉴别真假黑枸杞的活动，使学生在解决实际问题的过程中感受化学的实用价值，这种学习方式增强了学生的社会责任感，同时也让知识学习变得更加生动和有意义。3. 强调探究式学习与创新能力培养。鼓励学生自己设计实验方案，比如探究加入醋酸铵对醋酸电离平衡的影响，这个过程锻炼了学生的创新思维和实验设计能力。通过小组讨论和实际操作，学生学会如何控制变量、收集数据和分析结果，这些技能是科学研究的基础。4. 提高教学策略的多样性。结合项目化学习、整合式探究和数字化技术，教师创造了一个全方位促进学生发展的教学环境。这种多元化的教学方法不仅提升了学生的实验操作技能，还促进了其定性分析和定量解析能力的发展。5. 重视知识内化与素养提升。通过前后测的对比，可以看到学生在图像解读和理论应用方面有了显著进步，这表明创新实验教学有效促进了学生"宏观—微观—符号—曲线"的自主转换能力，加深了他们对平衡移动等核心概念的理解，体现了"教、学、评"一体化的目标。

实验之美在于它作为科学教育的核心环节，通过不断的创新和优化，不仅教会了学生具体的化学知识，而且培养了他们的科学思维、科学方法、探究精神和社会责任感，为学生全面发展奠定了坚实的基础。我们深知，要让学生真正理解并热爱化学，必须让他们亲历实验的魅力，感受科学的奇妙。于是，编写一本既指导实践又鼓励创新的实验书籍，成为我们的共同愿景。

探索：理论与实践的融合

尽管实验是化学教学不可或缺的一部分，但在实际操作中仍面临设备限制、安全顾虑、传统教学模式的束缚等诸多挑战。编写过程中，我们致力于打破这些壁垒，挑选了一系列既安全可行又富有创意的实验案例，旨在激发学生的探索欲和创造力。每个案例背后，都是对理论知识与实际操作紧密结合的深度考量，期望能引导学生在动手实践中深化对化学原理的理解。

在本书的实验案例中，每个实验设计均以真实问题或情境为起点，如生活中的变色眼镜、海带提碘、84 消毒液使用等情境的创设激发学生的兴趣，引导他们主动探究。在实验中，尽量选取与学生生活相关的实验素材，如以家用物品作为实验器材，或把解决生活实际问题作为目标，增加实验的趣味性，提高学习动力。在实验探究中设计微型化实验，简化实验装置，减少药品使用，确保安全性，同时使微观过程可视化，如用红外热像仪显示分子间作用力变化。在实验中关注安全性，选用安全药品与操作，考虑环保问题，确保实验可持续进行。在实验中广泛应用了传感技术，如色度传感器、数字化实验仪器等，与传统化学实验相结合，既保留了实验的直观性，又增强了数据的准确性和实验的科学性。在实验中鼓励学生完成观察、假设、设计实验、操作、分析数据和得出结论的完整探究过程，如探究影响化学反应速率的因素、电镀铜条件、卤化银感光性等，培养他们的科学探究与创新意识。我们的实验设计注重大单元教学，将知识结构化，实验内容模块化，通过项目式学习、合作探究、实验设计、评价反馈等，确保学生深入理解并运用知识。在实验评价中除了传统的实验报告外，还引入实验操作考查、小组讨论、作品展示、实验小论文等多样化手段，综合评估学生表现，强调过程性评价。

这些特点共同构成了实验教学设计的创新性和有效性，旨在提升学生的化学学习深度、兴趣和学科核心素养。实验设计围绕化学学科核心素养，即宏观辨识与微观探析、变化观念与平衡思想、证据推理与模型认知、科学探究与创新意识、科学态度与社会责任，确保学生在实验教学中获得全面发展。

合作：智慧的汇聚与共享

此书的完成，离不开众多同仁的贡献和支持。从化学教育领域的专家学者到一线教师，从实验室的技术人员到热衷于教育创新的社会各界人士，每一位参与者都以他们的专业知识和实践经验，为本书增添了丰富的内涵与活力。在此，我们向所有为本书付出努力的人表示最诚挚的感谢。

在中国教育装备行业协会的支持与帮助下，我们与全国各地的骨干精英教师组建形成研究团队，全面系统地梳理了国内外相关文献、资料，提出了"高中化学实验教学设计"的基本原则与操作要点，梳理了《课程标准》不同版本高中化学教材以及高考评价体系中有关实验教学的要求，精析历届"全国中小学实验教学说课活动"优秀案例，凝练案例中的实验创新点与改进点，展现化学实验教学实践优秀案例设计、实践过程，从实验教学内容设计、实验异常现象处理、实验方案创新等多角度提炼实践优秀案例的特点与亮点，从实验创新与教学策略角度对案例中可扩展的内容进行展望。希望本书能够为广大一线教师提供借鉴、参考。

展望：未来的教育之旅

虽然书已成稿，但我们深知教育的探索永无止境。本书仅仅是我们对化学教育现代化、创新化探索的一小步。我们期待着它能成为引发更多思考、激发更多实践的起点，激励更多教育者加入这场以学生为中心、以创新为动力的教育变革中来。本书的完成离不开所有对本书的撰写、出版提供过帮助与支持的化学同仁和社会各界朋友，要特别感谢四川省崇州市崇庆中学的况浩霞、厦门市的江合佩、贵阳市第一中学的吴文峰、贵州省实验中学的岳湘敏和林菲菲、贵州省铜仁第一中学的龙祖江、王静、郭应敏以及凤冈县第一中学的杨光宇对本书的付出。本书中所有实验教学案例均来自历届全国中小学实验教学说课活动优秀案例，是历届参赛教师教学智慧的结晶，在对这些案例进行分析的过程中，团队成员查阅大量文献资料，多次进入实验室重现案例实验，多次到学校实践案例内容，反复锤炼，几易其稿才完成"点评"部分的撰写。正是因为团队成员忘我的奋斗和无私的分享，才有了今天的成果。

正如化学反应中能量的传递与转化，我们希望通过本书，将对化学的热爱与对教育的热情传递给每一位读者，点燃学生心中的科学之光。愿每一场实验、每一个创新案例，都能成为引领学生探索未知、追求真理的航标，共同开启一段更加精彩纷呈的化学之旅。

由于时间的关系，书中还存在不足与需要完善之处，衷心希望广大化学教育专家、教研员、教师批评指正，以便下次修订时改正。